옛날옛날에 산성따라 굽이굽이

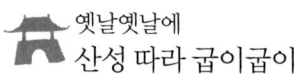
옛날옛날에
산성 따라 굽이굽이

초판 1쇄 발행 2012년 3월 10일
초판 2쇄 발행 2013년 6월 1일

글쓴이　아히와 이야기꾼
그린이　김지민

펴낸곳　파란자전거
펴낸이　이영선
이　사　강영선 | 주　간　김선정 | 편집장　김문정
편　집　임경훈 허 승 김종훈 김경란 정지원
디자인　오성희 당승근 안희정
마케팅　김일신 이호석 이주리 | 관　리　박정래 손미경
출판등록 1999년 9월 17일 (제406-2005-000048호)
주　소　경기도 파주시 문발동 파주출판도시 498-7
전　화　(031)955-7470 | 팩　스　(031)955-7469
홈페이지 www.paja.co.kr | 이메일　booksea21@hanmail.net

ISBN 978-89-94258-36-2 73900

이 도서의 국립중앙도서관 출판시도서목록(CIP)은 e-CIP 홈페이지(http://www.nl.go.kr/ecip)와 국가자료공동목록시스템
(http://www.nl.go.kr/kolisnet)에서 이용하실 수 있습니다.(CIP제어번호: CIP2012000866)

파란자전거는 도서출판 서해문집의 어린이책 브랜드입니다. 페달을 밟아야 똑바로 나아가는 자전거처럼
파란자전거는 어린이와 청소년이 혼자 힘으로도 바르게 설 수 있도록 도와줍니다.

산성이 들려주는
설화 속 우리 역사

옛날 옛날에
산성따라 굽이굽이

아히와 이야기꾼 글 ― 김지민 그림

파란자전거

— 글쓴이의 말 —

역사가 살아 숨 쉬고 옛사람들의 삶이 깃든
설화 속 산성 이야기

여러분은 산성에 가 본 적이 있나요?

국토의 70%가 산지인 우리나라는 남한산성, 북한산성, 행주산성, 독산성, 죽주산성 등 유난히 산성이 많은 나라예요.

설화에 대해 알아보기 위해 처음 산성을 찾았을 때입니다.

"와! 그 옛날에 이렇게 큰 돌을 어떻게 옮겼을까? 기중기가 있는 것도 아닌데 말이야."

어른 키보다 크고 양팔을 펴 안아도 손이 닿지 않는 둘레의 돌들을 보며 입을 다물 수 없었어요. 커다란 돌의 무게에 압도되어 다른 건 눈에 들어오지도 않았어요. 그러나 차츰 전쟁 등 위급한 상황이 일어났을 때 신호를 보내는 봉수대가 보였고, 대포를 쏠 수 있게 장치를 해 놓은 포루도 보였어요.

그래요. 산성은 그 어느 곳보다 치열했던 전쟁터였어요. 몽고전쟁, 임진왜란, 병자호란 등 수많은 전쟁이 산성에서 치러졌으며 김윤후 장군, 이회 장군, 권율 장군, 송문주 장군 등 나라를 위해 용감

하고 지혜롭게 싸웠던 조상들의 발자취가 서린 곳이기도 합니다. 그러니 어느 지역의 산성이든 전쟁과 장군 이야기 하나쯤은 전해 내려오지요.

 이 책은 그중에서도 경기 지역에 있는 산성 이야기를 주로 다루었습니다. 삼국 시대 이전부터 조선 시대에 이르기까지 곳곳에 산성을 쌓았지만, 특히 경기 지역은 고대부터 이 지역에 대한 지배권을 갖느냐 마느냐에 따라 국가의 흥망을 달리할 정도로 중요한 곳이었어요. 왜냐하면 우리나라를 대표하는 하천인 한강이 있기 때문이지요. 한강은 크고 작은 수많은 물길이 합쳐져 서울과 경기 지역을 흐르는 강이에요. 그러니 우리나라를 침입한 적군은 서쪽으로 나아가거나 남북으로 침입하려면 반드시 거쳐야 하는 곳이었답니다. 또 우리 군사들에게는 적군의 움직임을 쫓을 수 있고, 보급로를 차단하는 요충지이기도 했지요. 그 때문에 한강을 차지하기 위한 목숨을 건 쟁탈전이 많았고, 한강의 여러 물길들을 둘러싼 경기 지역 산성에서는 전쟁이 잦을 수밖에 없었어요. 나당전쟁(신라가 삼국 통일을 할 때 우리 영토를 차지하려 한 당의 세력을 몰아내기 위해 670~676년의 7년간 벌인 전쟁.)에서 당나라 군사가 한강까지 내려오기 위해서는 신라가 쌓은 150개의 산성을 통과해야 했어요. 고려 조정이 40여 년 동안 몽골에 항쟁하기 위해 피신한 곳도, 임진왜란 때 한양에 침입하려는 왜군을 막은 곳도, 프랑스군과 크게 맞붙어 싸운 곳도 모두 경기 지역 산성이었답니다. 그러한 까닭에 우리 역사의 중심지라 할 수 있는 경기 지역의 산성에는 치열했던 전쟁의 흔적이 많이 남아 있지요.

  그러나 이곳 산성에는 전쟁의 흔적만 있었던 게 아니랍니다. 그곳에는 살림살이나 농기구, 창고나 집터, 우물터 등 이름 모를 백성들이 살았던 자취도 남아 있어요. 적군을 피해 성안으로 피난 왔을 마을 주민들, 부역을 지고 산성을 쌓기 위해 무거운 돌을 짊어졌을 농부, 장사치, 어린 군인 등 우리와 똑같은 일반 백성 말입니다.

우리는 산성 이야기를 쓰며 그 사람들을 만났어요. 뛰어난 지혜로 군사를 구해 준 할머니, 치마폭에 돌을 날라 성을 쌓은 누이, 산성 지을 돈을 모으기 위해 나선 장군의 아내, 능참봉을 구한 노인, 그리고 몰락한 왕을 따르는 신하들. 이 책에 나오는 사람들의 이야기는 역사적 공간을 배경으로 하지만, 왕이나 장군 등 영웅 이야기를 다룬 위인전이나 흥미와 정보 위주의 역사 동화와는 다르답니다. 오랜 세월 입에서 입으로 전해지면서 그 시대 사람들의 정서와 역사를 담고 있는 설화, 다시 말해 옛이야기이지요.

오스트리아의 브루노 베텔하임이라는 심리학자는 어린이의 행동을 관찰하다가 어린이들이 수많은 책들 가운데 특히 옛이야기를 듣거나 읽었을 때 만족감을 느끼는 모습을 보고 옛이야기를 연구했어요. 그 연구에 따르면 수백 년에 걸쳐 전해 내려온 옛이야기 속에는 어린이들이 무의식적으로 겪는 억압이나 갈등을 일시적으로 혹은 영구히 없애 주는 해결책이 있다고 합니다. 그래서 브루노 베텔하임은 어린이들이 삶의 의미를 찾는 데 부모나 보호자의 역할 다음으로 옛이야기가 중요하다고 했어요.

그렇다면 옛이야기에 나오는 삶의 의미란 무엇일까요? 특히 산성에 전해 내려오는 이야기에는 두 가지 삶의 의미가 나타나요. 역사의 주인공이라 일컫는 왕이나 장군들은 누군가를 이기기 위한 삶을 살았어요. 그러나 장터에서 국밥을 파는 할머니, 장군의 아내, 선머슴 같은 누이, 역사의 주인공에게 도움을 주는 노인, 믿음을 지키는 신하들에게 삶이란 이기기 위한 것이라기보다는 헤쳐 나가는 것 그 자체였지요.

《옛날옛날에 산성 따라 굽이굽이》는 병자호란이나 몽고전쟁 등 기록에 남아 있는 역사적 사건을 사회적 지위가 높은 왕이나 장군의 시각이 아닌, 부역을 진 백성처럼 사회적 지위가 낮은 사람들의 시각으로 쓴 글이기도 해요. 삶은 누군가를 이기기 위한 것이 아니라, 헤쳐 나가는 것이라고 여기는 사람들의 시각으로요. 아이들이 다른 책보다 옛이야기에 만족감을 느끼는 이유 중 하나가, 사회적 약자인 어린이가 삶을 바라보는 시선도 어쩌면 그 사람들의 시각과 같아서일지도 모르겠어요.

  이 책이 여러분을 옛사람들의 삶이 깃든 산성으로 이끄는 안내자가 되길 바라며, 나아가 힘의 역사에 가려진 뿌리 깊은 민생의 역사에 주목하는 계기가 되었으면 합니다.

  수고해 주신 모든 분께 감사의 마음 전합니다.

2012년 아히와 이야기꾼

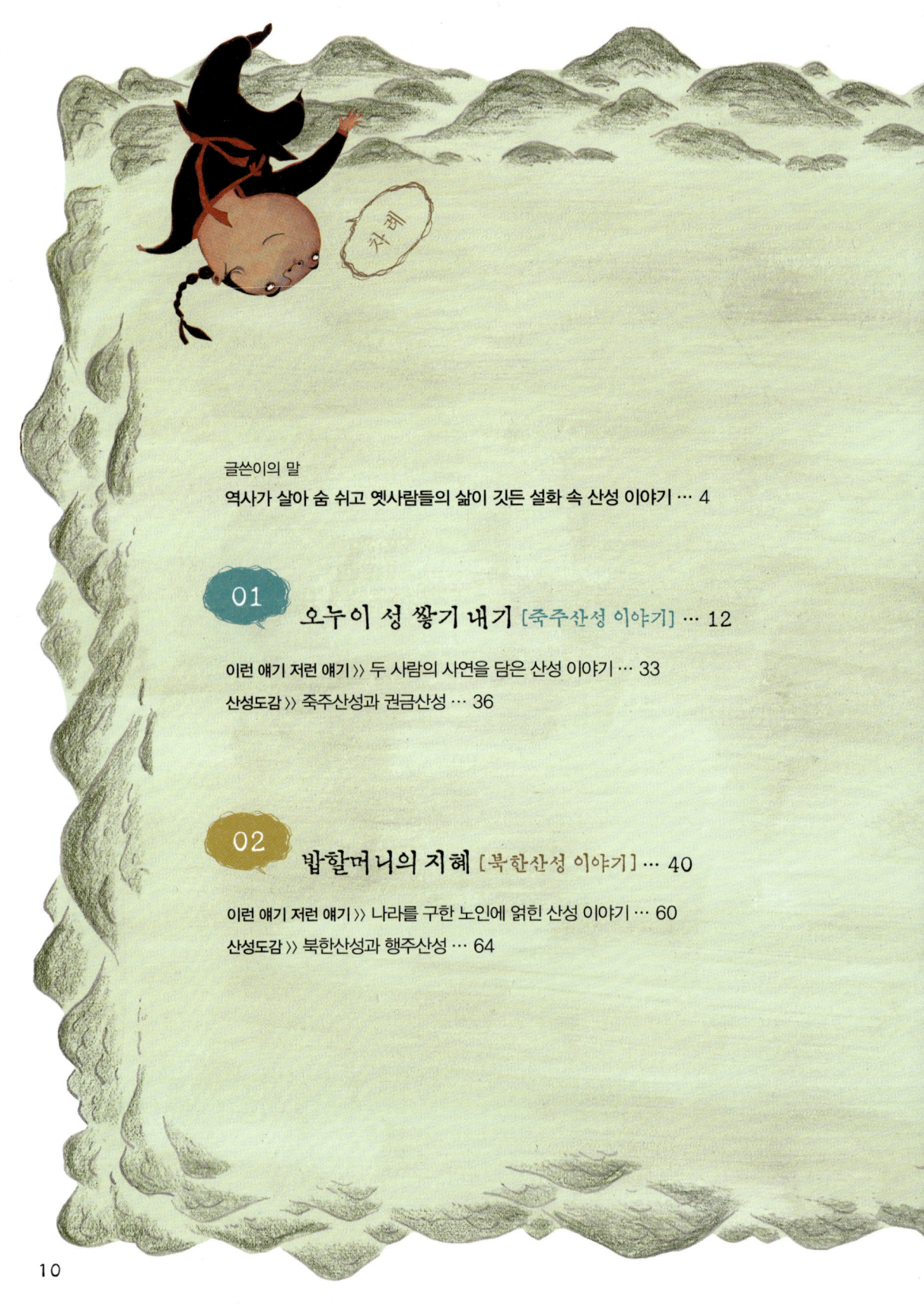

글쓴이의 말
역사가 살아 숨 쉬고 옛사람들의 삶이 깃든 설화 속 산성 이야기 … 4

01 오누이 성 쌓기 내기 [죽주산성 이야기] … 12

이런 얘기 저런 얘기 》 두 사람의 사연을 담은 산성 이야기 … 33
산성도감 》 죽주산성과 권금산성 … 36

02 밥할머니의 지혜 [북한산성 이야기] … 40

이런 얘기 저런 얘기 》 나라를 구한 노인에 얽힌 산성 이야기 … 60
산성도감 》 북한산성과 행주산성 … 64

03 도포 입은 산소 [수원 화성 이야기] … 70

이런 얘기 저런 얘기 >> 기똥찬 생각으로 적을 물리친 산성 이야기 … 90
산성도감 >> 수원 화성과 독산성 … 94

04 진실을 알리는 바위 [남한산성 이야기] … 98

이런 얘기 저런 얘기 >> 효성과 은혜에 얽힌 산성 이야기 … 118
산성도감 >> 남한산성 … 124

05 잃어버린 미륵국 [운악산성 이야기] … 128

이런 얘기 저런 얘기 >> 전쟁과 싸움에 얽힌 또 다른 성城 이야기 … 148
산성도감 >> 운악산성과 처인성 … 152

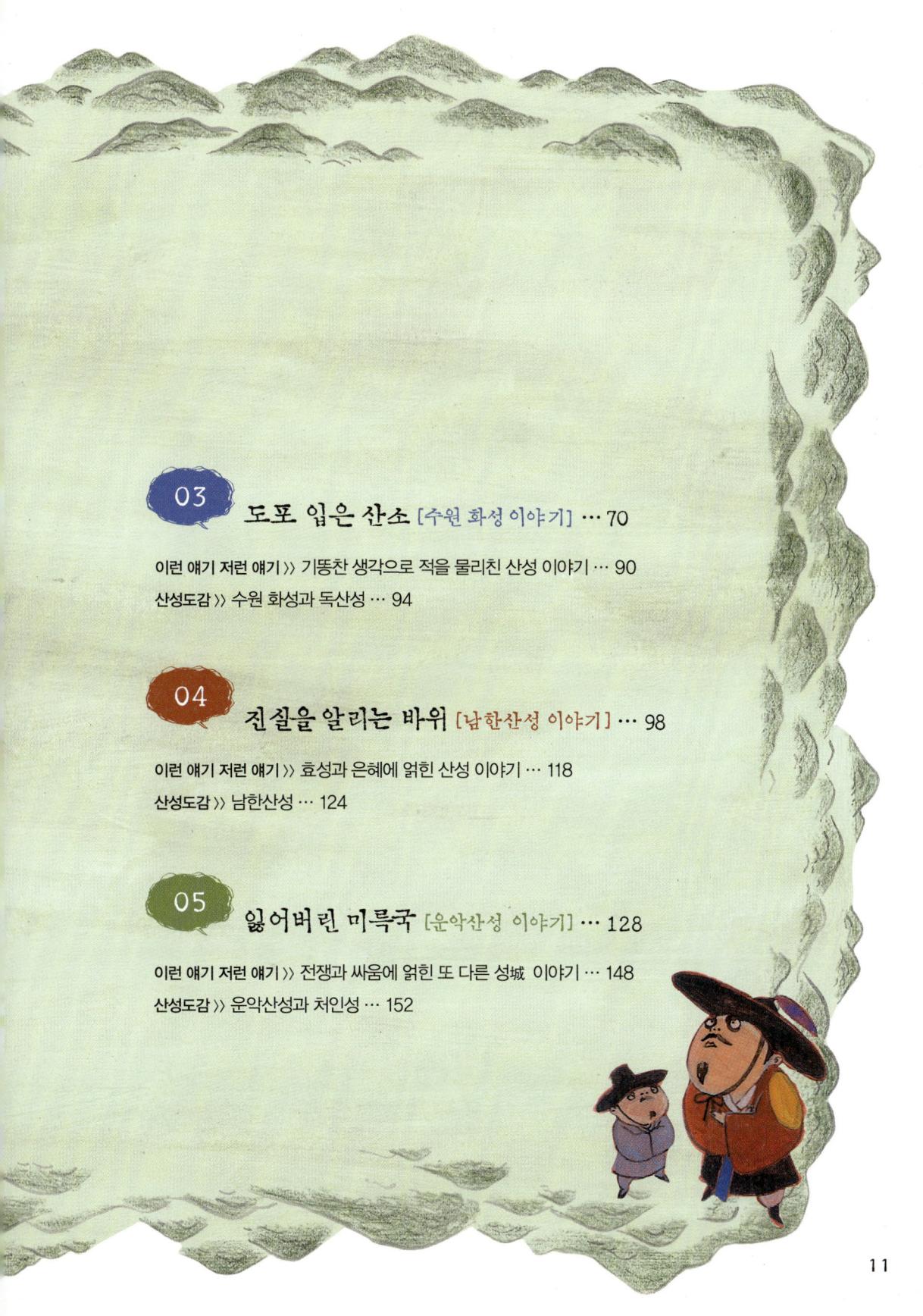

01

오누이 성 쌓기 내기

▲▲▲ 죽주산성 이야기

경기도 안성에는 고려 시대에 쌓은 죽주산성이 있어요. 경기도의 기념물인 죽주산성은 송문주 장군이 몽고군을 물리친 곳으로 이름난 장소이지요.

송문주 장군은 고려군보다 수도 많고 무기도 앞선 몽고군의 작전과 장비를 미리 알아내 전쟁을 승리로 이끌었어요. 백성들은 이런 송문주 장군을 세상의 이치를 꿰뚫는 신령 같다 하여 '신명 장군'이라 불렀어요.

전쟁이 일어나면 산성은 최고의 방어 지역이 됩니다. 높은 곳에 있으니 먼 곳을 내다볼 수 있어 적의 움직임을 파악하고, 공격에 대비할

 수 있는 시간을 벌 수 있는 곳이에요. 또한 적이 공격하기는 어려워서 소수의 방어 인력으로도 장기간 버틸 수 있는 곳이기도 하지요. 몽고군은 15일 동안 죽주성을 함락하기 위해 갖은 수단을 썼지만, 높은 산성에서 몽고군의 움직임을 지켜보던 송문주 장군에게는 무릎을 꿇을 수밖에 없었어요. 외적의 침입이 잦은 곳에 위치한 우리나라는 이런 이유들로 산성을 많이 쌓았답니다.

 산성에는 많은 유물과 더불어 갖가지 사연이 전해져요. 죽주산성에는 송문주 장군과 그 누이인 송희의 산성 쌓기 시합에 관한 이야기가 전해 내려오지요.

누이의 바람

옛날에 한 어머니가 오누이를 키우며 살았습니다. 가난한 살림에 홀몸으로 자식을 키우지만, 어머니는 남부러울 게 없었습니다. 오누이 중 오라비인 아들이 마을에서 이름난 장사였기 때문입니다. 아들은 어려서부터 장터에서 못된 짓을 하며 돌아다니는 무리들도 겁을 먹고 피할 정도로 힘이 셌습니다. 힘뿐만 아니라 격구* 며 말 타는 기술, 활 쏘는 기술은 물론 어떤 사냥 대회에서도 아들을 따를 자가 없었습니다.

"저 아이는 틀림없이 이름난 장군이 될 거야."

마을 사람들은 입을 모아 아들을 칭찬했습니다. 어머니는 부러움을 한 몸에 받았습니다. 그러나 누구보다 오라비를 부러워한 사람은 오라비의 누이동생이었습니다.

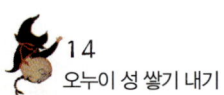

"오라버니처럼 나도 힘겨루기에 나가 봤으면……."

누이도 웬만한 바윗덩어리 하나쯤은 들었다 놨다 할 정도로 힘이 셌습니다. 그러나 수박회*니 격구니 할 것 없이 어린 누이를 경기에 끼워 주는 곳은 없었습니다.

"네깟 게 힘을 쓴다고? 으하하하하! 얼쩡대지 말고 가서 자수 매듭이나 배워라."

사람들은 누이를 비웃었습니다. 오라비도 누이의 힘을 알아주지 않았습니다.

"돌덩이 몇 개 든다고 다 무술이냐? 겨루기는 아녀자들의 오방색실 놀음*이 아니야."

어머니는 아예 펄쩍 뛰었습니다.

"감히 오라비가 하는 일을 넘보려 하다니, 행여 남이 들을까 무섭다. 힘이니 겨루기니 함부로 입에

올렸다가는 크게 혼날 줄 알아라!"

어머니는 오라비를 대장부 중 대장부라 여겼습니다. 그런데 계집아이인 누이가 힘겨루기를 한다니, 그것은 아들이 아녀자들도 할 수 있는 쩨쩨한 일을 한다는 것과 같은 뜻이었습니다. 생각만 해도 기겁할 일이었습니다. 어머니는 딸에게 단단히 일렀습니다.

"오라비 앞길 막을 생각하지 말고, 참한 색시가 될 생각이나 해라. 쯧쯧, 누굴 닮아 저러는지."

그러나 누이의 바람은 점점 커져 갔습니다.

세월이 흘러 누이는 여인이 되었습니다. 녹두 갈아 세수하고 청포 물에 머리 감아 멋을 내는 나이가 되었지만, 누이의 관심은 힘겨루기뿐이었습니다. 누이는 남자니 여자니 따지지 않고 자신이 좋아하는 일을 할 수 있는 세상이 오기를 바랐습니다.

그러던 어느 날이었습니다. 나라에 큰 무술 대회가 열렸습니다. 한다하는 장사들이 방방곡곡에서 모여들었습니다.

오라비도 아침 일찍 집을 나설 준비를 마쳤습니다. 오라비의 옷매무새를 살피던 어머니는 으쓱했습니다. 아들의 얼굴에서 빛이 나는 듯하여 보기만 해도 흐뭇했습니다.

집을 나서기 전, 어머니는 단지 안에 있던 음식을 꺼내 오라비에게 내밀었습니다.

"이거 좀 먹으렴."

무심결에 음식을 받아 든 오라비는 화들짝 놀랐습니다. 피가 뚝

뚝 떨어지는 날고기였기 때문입니다.

"산짐승의 생피와 살이 그렇게 좋다는구나. 바느질삯을 모아 간신히 구한 것이니 한 점도 남기지 말고 싹 먹어라."

오라비는 코를 감쌌습니다. 날고기에서 나는 고약한 냄새에 비위가 상했지만, 어머니의 정성을 마다할 수는 없었습니다.

"몸에 좋은 약이 쓰다고, 먹기는 고약해도 몸에 좋다니 참아라."

아닌 게 아니라 힘깨나 쓴다는 장사들은 호랑이 고기를 날것으로 먹는다는 소문을 들었습니다. 누이도 보고 있는데, 날고기를 못 먹으면 음식 투정하는 졸장부로 보일 것 같았습니다. 오라비는 헛구역질을 참아 가며 날고기를 꾸역꾸역 먹고는 집을 나섰습니다. 오라비를 따라나서던 어머니가 누이에게 당부했습니다.

"너는 집 잘 보고 있어라. 쓸데없는 데 기웃거리면 안 된다. 내 말 알아듣지?"

누이는 말없이 고개를 끄덕였습니다.

두건 사내의 정체

대회가 열리는 무술장은 왁자했습니다. 풍물패 소리가 울려 퍼지고, 소문난 장사들이 모두 모였습니다. 그중에서도 팔공산 장사가 눈길을 끌었습니다. 오라비도 팔공산 장사를 눈여겨봤습니다. 팔공산 장사는 팔공산에서 무예를 닦은 자로 덩치가 산만 했습니다. 산발한 머리며 우악스런 손이며 사람이기보다 괴물 같았습니다.

"어이, 애송이들! 오늘 내 주먹으로 앉은뱅이를 만들어 주련? 곱사등이를 만들어 주련? 으하하하!"

팔공산 장사는 다른 후보들을 조롱했습니다.

"너희들 갈빗대가 쇠로 만들어졌어도 오늘은 가루가 되고 말걸!"

팔공산 장사는 막무가내였습니다.

시합이 시작되자 팔공산 장사는 반칙을 밥 먹듯 했습니다. 이미 정신을 잃고 쓰러진 사람의 배를 짓밟고, 항복을 외치는 상대의 팔을 꺾어 놓았습니다. 구경하던 사람이 손가락질했다 하여 그 사람의 손도 꺾었습니다. 그러나 팔공산 장사의 행패에 누구 하나 입도 벙긋 못 했습니다. 잔인하기가 금강산 호랑이도 떨며 간다는 협객*도, 무예의 달인이라는 검객*의 우두머리도 겁을 먹고 나서지 않았습니다. 남은 시합을 포기하고 도망가는 사람도 있었습니다.

오라비는 팔공산 장사와 다른 조에서 시합을 하고 있었습니다. 시합은 각 조에서 이긴 사람끼리 마지막에 승부를 가리는 방식이었습니다. 오라비는 얼른 자기 조의 선수들을 물리치고 옆 조에서 난동을 부리는 팔공산 장사와 맞붙고 싶었습니다. 그런데 몸이 점점 이상해졌습니다. 대회장에 들어서면서부터 살살 배가 뒤틀리더니 시간이 지날수록 점점 아팠습니다.

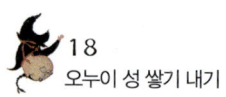

쥐어짜듯 통증이 느껴지며 온몸에서 식은땀이 났습니다. 목구멍에서 비린내가 올라오는 게, 토를 참으려니 머리도 어지러웠습니다. 사람들이며 하늘이 빙빙 돌고 눕고만 싶었습니다. 그러나 오라비는 정신을 가다듬고, 겨우겨우 자기 조의 상대들을 물리쳤습니다. 그리하여 오라비는 간신히 결승전에 올라 팔공산 장사와 맞붙게 되었습니다.

"네가 장터에서 코 좀 푼다는 그 꼬맹이냐?"

팔공산 장사가 가소롭다는 듯 오라비를 내려다봤습니다. 오라비도 팔공산 장사를 노려봤습니다. 그러나 눈에 힘이 풀렸습니다. 웨에엑!

오라비는 더 이상 참지 못하고 정신없이 토악질을 했습니다.

"뭐, 뭘 잘못 먹었……. 혹시 그 날고기가!"

구경꾼들 틈에서 오라비를 지켜보던 어머니는 기절할 듯 놀랐습니다. 고린내가 심하다 했지만 고기가 상했으리라고는 생각지 못했습니다. 냄새가 짙을수록 효과가 있다는 장사꾼의 말을 그대로 믿었습니다. 가까이서 보니 오라비 입술이 하얗고 얼굴에는 핏기가 하나도 없는 게 탈이 나도 큰 탈이 난 듯싶었습니다. 제아무리 장사라도 상한 날고기를 먹고는 무사할 리가 없었습니다. 웨에엑! 오라비는 바닥에 주저앉았습니다.

"저런, 토사곽란*이 난 모양이네. 이를 어쩌나."

오라비가 팔공산 장사의 코를 납작하게 해 주기를 기대했던 구경꾼들은 실망이 이만저만 아니었습니다.

"시합을 미룹시다. 아무리 천하장사를 뽑는 대회라도 아픈 사람에게 겨루기를 하라는 건 도리가 아니지 않소!"

그러나 팔공산 장사는 아랑곳없이 이를 갈며 으르렁댔습니다.

"저놈은 내가 무서워서 지레 엄살을 떠는 것이다. 계집애하고나 겨루기를 할 주제에 감히 내게 맞서? 오늘이 네 제삿날인 줄 알아라. 얏!"

팔공산 장사가 다짜고짜 나무 아래 바위를 들어 오라비에게 던졌습니다. 악! 사람들이 비명을 질렀습니다. 오라비는 배를 잡고 뒹굴 뿐, 일어서지 못했습니다. 어머니가 달려들 새도 없었습니다.

그때였습니다.

"퍽!"

눈 깜짝할 새 누군가가 날아가던 바위를 깨뜨렸습니다. 조각난 바윗덩어리가 땅에 떨어졌고, 그 옆에 웬 낯선 사내가 서 있었습니다.

사내가 팔공산 장사 앞으로 나섰습니다.

"사정이 있어 시합 시간을 맞추지 못했구려. 이제라도 나와 맞서 준다면 고맙겠소."

눈만 내놓고 얼굴을 두건으로 감싼 사내는 한눈에 보기에도 가냘프고 작았습니다. 팔공산 장사는 바짝 약이 올랐습니다.

"하룻강아지 범 무서운 줄 모른다더니, 네놈이 감히 내가 던진 바위를 막아!"

팔공산 장사가 사내에게 달려들었습니다. 팔공산 장사에게 그야말로 한주먹 거리도 안 되는 사내는 멱살을 잡힌 채 공중에서 대롱거렸습니다. 그러나 사내의 몸짓은 예사롭지 않았습니다.

"얏!"

두건 사내는 여인네의 치마가 휘감기듯 몸을 가볍게 돌리며 팔공산 장사의 손아귀에서 벗어났습니다. 그러고는 얼떨떨해 멍하니 서 있는 팔공산 장사를 공격했습니다. 사내의 공격은 싸움이라기보다 움직임 하나하나가 신이 묘기를 부리는 듯이 아름다웠습니다. 사람들은 물론 오라비도 사내의 몸놀림에 입이 벌어졌습니다.

"저 쪼만한 사내가 누군지 정말 대단하이. 어어어, 저것 봐!"

쿵! 믿을 수 없는 일이 벌어졌습니다. 사람들은 제 눈을 의심했습니다. 팔공산 장사가 힘 한번 제대로 못 쓰고 뻗어 버린 것입니다.

"천하장사가 났네! 천하장사가 났어! 만세, 만세!"

사람들이 몰려가 사내를 헹가래 쳤습니다. 풍물패의 연주 소리가 울리고 술을 내라, 떡을 치라며 대회장은 금세 잔치 분위기에 휩싸였습니다. 그때, 헹가래를 당하던 사내의 두건이 스르르 벗겨졌습니다. 드러난 사내 얼굴을 처음으로 본 사람은 어머니였습니다.

"아니, 저, 저건!"

겨우 토악질을 멈춘 오라비도 사내 얼굴을 보고 소스라치게 놀랐습니다. 구경꾼들도 놀라기는 마찬가지였습니다. 두건 사내는 바로, 누이였습니다.

또 한바탕 난리가 났습니다.

"천하장사는 오라비가 아니라 누이였구먼. 허허허! 대단하이, 대단해!"

"누이가 오라비를 구하다니, 여자가 저 정도면 하늘이 내려 준 장사일 거야."

겨우 정신을 차린 팔공산 장사는 자신이 여자에게 진 것을 알고 도망을 쳤습니다.

어머니는 정신을 가다듬었습니다. 이유야 어찌 되었든, 누이가 오라비를 구한 것이었습니다. 이제 오라비의 힘은 누이 다음입니다. 다른 것이면 몰라도 힘이 누이만도 못하다니, 어쩌면 아들은 평생 졸장부로 손가락질 받으며 살지 몰랐습니다. 옛말에 아버지는 아들이 아버지보다 낫다고 하면 기뻐하지만, 형은 아우가 형보다 낫다고 하면 화를 낸다고 했습니다. 그런데 더군다나 오라비가 누이보다 못하다면 아들 얼굴이 뭐가 될까 싶었습니다.

오라비도 어머니와 같은 마음이었습니다. 사람들이 누이의 힘을 본 이상 선택의 여지는 없었습니다. 누이와 겨뤄 자신이 천하장사임을 증명해야 했습니다. 이제 누이는 반드시 이겨야 할 적수일 뿐, 더 이상 누이가 아니었습니다. 그 누구에게라도 천하장사 자리를 뺏길 수는 없었습니다.

아들의 마음을 눈치챈 어머니가 딸에게 말했습니다.

"하늘에 해가 둘일 수 없듯, 한 집안에 장사가 둘일 수는 없다. 일이 이렇게 된 이상 진짜 천하장사가 누구인지 가려야겠다."

어머니는 상한 고기만 아니었다면 분명 아들이 천하장사가 됐을 거라고 믿어 의심치 않았습니다.

"네 오라비 몸이 낫는 대로 시합을 하겠다. 큰애 너는 굽 높은 나막신을 신고 송아지를 끌고 한양에 다녀오너라. 작은애 너는 뒷산에 성을 쌓아라. 두 사람 중에서 일을 먼저 끝낸 사람이 천하장사가

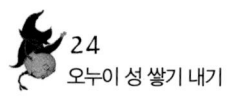

되는 것이다."

오라비가 누이를 노려봤습니다.

"또 한 가지가 있다. 시합에서 진 사람은 이 마을을 영원히 떠나야 한다. 알겠느냐?"

오라비의 날카로운 기세에 누이는 말없이 고개를 끄덕였습니다. 어머니 눈을 피해 변장을 하고 구경만 하려던 것이 이렇게 되고 말았습니다. 그러나 누이는 한편으로 오라비와 정정당당히 겨루게 되어 기뻤습니다.

꼭 이겨야 하는 시합

다음 날, 몸을 회복한 오라비는 잰걸음으로 한양을 향해 떠났고 누이는 산으로 올랐습니다. 드디어 두 사람의 시합이 시작되었습니다.

"내일 아침까지 먼저 일을 끝내는 사람이 이기는 것이다."

어머니는 하루 종일 물 한 모금 마시지 못하고 뜬눈으로 밤을 샜습니다. 지루하고 긴 시간이었지만, 어김없이 날은 밝기 시작했습니다. 승부를 가려야 하는 시간이 다가온 것입니다.

어머니는 밖을 내다봤습니다. 첫닭이 울면 오겠지 했던 아들은 아직 보이지 않았습니다. 그런데 이게 웬일입니까! 뒤돌아 산을 보

니 성이 거의 완성되었습니다. 어머니는 아차 싶었습니다.

어머니는 급히 부엌으로 가 커다란 솥에 팥죽을 쑤기 시작했습니다. 팥죽은 누이가 가장 좋아하는 음식이었습니다. 급하게 팥죽을 쑤다 보니 팥이 쉬 무르지 않았습니다. 그러나 어머니는 펄펄 끓는 팥죽을 솥째 들고 산으로 내달렸습니다. 어머니가 팥죽을 끓이는 사이 누이는 성을 다 쌓고, 마지막으로 남쪽 문 위에 얹을 돌을 나르고 있었습니다.

"애야, 애야!"

어머니는 딸을 향해 허겁지겁 달려갔습니다.

"배고플 테니 이거 먹고 해라. 어서."

누이는 눈이 번쩍했습니다. 밤새도록 돌을 나르고 쌓느라 안 그래도 허기가 질 때로 졌기 때문입니다.

"웬 팥죽이에요?"

누이는 어머니가 고마웠습니다. 팥죽 냄새에 군침이 넘어갔습니다. 그러나 지금은 참아야 했습니다.

"이 돌 하나만 얹고 먹을게요. 이게 마지막이거든요."

누이가 돌을 번쩍 들었습니다.

"안 된다! 안 돼!"

어머니는 딸의 팔을 잡고 늘어졌습니다.

"팥죽은 뜨거울 때 먹어야 제맛이지. 어미 정성을 봐서 제발 먹고 해라."

어머니는 뜨거운 팥죽을 누이 입에 강제로 퍼 넣었습니다.

"아, 뜨거워! 아아아……."

어머니가 마구잡이로 팥죽을 먹이자, 누이의 입천장이 홀딱 벗겨졌습니다. 그래도 어머니는 누이에게 팥죽을 계속해서 떠먹였습니다. 누이는 안절부절못하는 어머니 얼굴이 새삼 낯설게 느껴졌습니다.

"하나도 남김없이 다 먹어야 한다. 알았지?"

누이는 고개를 갸웃했습니다. 불안한 얼굴로 뒤를 흘긋거리는 어머니를 보니, 그제야 팥죽을 쑤어 온 이유를 알 것 같았습니다. 어머니는 오라비를 자랑스러워했습니다. 오라비가 진다면 누구보다 실망할 사람도 어머니였습니다. 오라비가 떠나면 가장 괴로워할 사람도 어머니였습니다.

누이는 돌 위에 털썩 주저앉았습니다.

"알았어요, 어머니. 어머니 말씀대로 팥죽부터 먹고 성문에 돌을 얹을게요."

그제야 어머니 얼굴이 환해졌습니다.

"그래, 그래야지. 후후 불어 가며 천천히 먹어라, 천천히."

어머니는 뜨거운 팥죽을 가득 퍼 담아 누이에게 내밀었습니다. 누이는 팥죽을 먹기 시작했습니다. 무르지 않은 팥 알갱이를 꼭꼭 씹어서 천천히 먹었습니다. 돌 하나만 얹으면 완성되는 성문이 자꾸 눈에 들어왔습니다. 그때였습니다.

"어머니!"

아! 누이는 팥죽 그릇을 떨어뜨리고 말았습니다. 오라비의 목소리였습니다. 팥죽을 먹는 사이 오라비가 도착한 것입니다. 오라비를 본 어머니는 기뻐 어쩔 줄 몰랐습니다. 오라비 뒤를 따라온 마을 사람들도 기뻐했습니다.

"이제 우리 마을의 진정한 천하장사가 정해졌네."

"그럼 그렇지! 역시 오라비야."

누이는 남몰래 발밑을 내려다봤습니다. 얹지 못한 돌 하나가 남아 있었습니다. 결국 마지막 성문을 완성하지 못했으니 내기에서 진 것입니다. 누이는 담담히 패배를 인정했습니다.

"내기에서 졌으니 약속한 대로 지금 이 마을을 떠나겠어요."

누이가 인사를 하자 어머니는 아들을 부여잡고 있던 손을 슬며시 내렸습니다.

"애야……."

어머니는 달리 할 말이 없었습니다. 어머니야말로 진정한 승자가 누구인지 알고 있었기 때문입니다.

누이가 웃으며 오라비에게 마지막 인사를 했습니다.

"오라버니와 내기를 할 수 있어서 정말 기뻤어요. 오라버니는 역

시 천하장사예요. 축하해요."

　오라비는 누이에게 축하를 받는 게 민망했습니다. 쩔쩔매는 어머니와 바닥에 엎어진 팥죽 솥을 보고 무슨 일이 있었는지 짐작할 수 있었기 때문입니다. 그러나 오라비는 떠나는 누이를 잡지 못했습니다.

진정한 승부

　세월이 흘러 누이가 떠난 지 삼 년이 되었습니다. 그해 나라에 오랑캐가 쳐들어왔습니다. 산짐승을 먹고 산다 하여 '푸른 이리 떼'라 불리는 오랑캐는 나라를 삽시간에 쑥대밭으로 만들었습니다. 그러나 오라비가 사는 마을은 아무 피해도 입지 않았습니다. 마을 사람들은 오랑캐가 쳐들어오자 누이가 쌓아 놓은 산성으로 피난을 갔고, 오라비는 산성을 방패 삼아 오랑캐를 물리쳤습니다. 오랑캐가 모두 물러간 날, 사람들은 오라비는 물론 누이에게도 감사하며 만세를 불렀습니다.

"오누이 장사 만세, 오누이 장사 만세!"

며칠 뒤, 오라비는 누이를 찾기 위해 길을 나섰습니다. 산성은 높은 곳에 있어서 적의 움직임을 쉽게 알 수 있고, 적으로부터 사람들을 보호하는 든든한 피신처였습니다. 누이가 쌓은 산성이 없었다면 오랑캐를 이기는 건 꿈도 못 꿀 일이었습니다. 오라비는 비로소 진정한 내기가 무엇인지 깨달았습니다. 이제 승부가 아닌 사람들에게 이로운 힘을 키우는 내기를 하고 싶었습니다. 오라비는 누이를 만난다면 다시 내기 신청을 할 생각입니다. 지더라도 부끄럽지 않은 당당한 내기를 말입니다.

알·고·갑·시·다·!

- 격구 : 말을 타거나 걸어 다니면서 기다란 나무 채로 공을 치는 무예. 고려, 조선 시대에 인기가 많았다.
- 수박회 : 맨손으로 하는 무예인데 치고 지르고 차는 기술과 상대의 허점을 이용하여 차거나 걸어서 넘어뜨리는 방법으로 승부를 겨룬다. '택견'을 이른다.
- 오방색실 놀음 : 오방색실은 다섯 방향을 나타내는 빛깔의 실을 말하는데, 동쪽은 청색 실, 서쪽은 흰색 실, 남쪽은 적색 실, 북쪽은 흑색 실, 가운데는 황색 실로 여기서 말하는 오방색실 놀음은 여인들의 바느질을 말한다.
- 협객 : 어떤 일에도 거리낌이 없고 남의 어려움을 돕기 위해 자신을 희생하는 사람.
- 검객 : 칼로 무술을 하는 사람.
- 토사곽란 : 입으로는 토하고 아래로는 설사하면서 배가 몹시 아픈 증세.

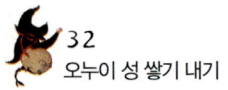

두 사람의 사연을 담은
산성 이야기

〈오누이 성 쌓기 내기〉에서 봤듯이 죽주산성에는 오라비와 누이 두 사람의 이야기가 전해지고 있어요. 산성에 얽힌 이야기 중에는 오누이 이외에도 남녀 장군, 아내와 남편 등 두 사람에 얽힌 사연이 많답니다. 죽주산성과 같은 시대에 지어진 권금산성에도 사돈(결혼한 양쪽 집안의 부모들 사이.)인 권씨와 김씨 두 사람의 이야기가 전해지지요.

옛날 복골이라는 마을에 힘이 센 김 장사가 살았어요. 김 장사에게는 아들 삼 형제가 있었는데, 무슨 일인지 아들 둘이 혼인을 하자마자 연달아 세상을 떠났지요. 김 장사는 하나 남은 막내아들을 의지하며 살았어요. 그런데 혼인을 하여 잘 사는가 싶던 막내아들마저 손자를 낳자마자 세상을 뜨고 말았어요. 아기를 낳은 막내며느리도 시름시름 앓더니 저세상으로 가 버렸지요.

아들 셋을 잃은 김 장사는 대를 이을 손자를 애지중지 키웠어요. 그런데 큰며느리가 손자를 몹시 미워했어요. 큰며느리는 자식 하나 없이 홀로 살아야 하는 자신의 처지가 한스러웠답니다. 그래서 어린 조카에게 화풀이를 했어요. 김 장사는 홀로 사는 큰며느리가 안쓰러워 나무라지도 못했어요.

그런데 이 소문이 손자의 외할아버지인 권씨의 귀에까지 들어갔어요. 권씨도 힘이 장사라 권 장사라고 불렸지요. 권 장사는 소문을 듣자마자 복골로 달려갔어요. 어미 아비도 없는 외손자가 구박을 받는다니 참을 수가 없었답니다. 권 장사는 김 장사에게 외손자를 데려가겠다고 소리쳤어요. 김 장사는 말도 안 된다며 맞섰지요. 두 사람은 손자를 두고 몇 날 며칠 옥신각신했어요.

그때 나라에 전쟁이 나서 적군이 복골까지 들이닥쳤어요. 적군은 마구잡이로 사람들을 잡아가고 마을에 불을 질렀어요. 김 장사와 권 장사는 손자를 지키느라 나서서 싸우지도 못하고, 산으로 피해야만 했어요. 큰며느리도 김 장사를 따라 산으로 갔어요. 적군에게 잡힌 여자들은 하녀로 팔려 가거나, 적군 장수의 무덤에 제물로 묻힌다는 소문에 겁이 났거든요.

김 장사와 권 장사는 쫓아오는 적군을 따돌리고 가까스로 산꼭대기에 올랐어요. 그러나 아침이면 수많은 적군들이 꼭대기까지 따라올 거예요. 두 사람은 적군에게 손자를 잃을까 두려워서 애가 달았답니다.

고민 끝에, 김 장사는 손자를 권 장사에게 맡기고 이러니저러니 말도 없이 산 아래 계곡으로 내달렸어요. 권 장사는 깜짝 놀랐답니다. 서로 돌보겠다고 싸우던 손자를 자신에게 덥석 안겨 주니 말이에요. 권 장사는 품에서 방긋거리는 손자를 보며 어리둥절했어요. 그런데 조금 뒤였어요. '쿵!' 갑자기 권 장사 앞에 돌이 떨어졌어요. 김 장사가 계곡에서 던진 돌이었어요. '쿵!' 또

다른 돌이 날아와 떨어졌어요. 쿵! 쿵! 쿵!

날아온 돌이 산 위에 쌓이자, 권 장사는 그제야 김 장사의 뜻을 알아차렸어요. 적군을 막을 방법은 산에 성을 쌓는 것뿐이었지요. 그래서 김 장사는 돌이 많은 계곡으로 내려간 것이었어요. 김 장사의 뜻을 안 권 장사는 큰며느리에게 손자를 맡겼답니다. 손자를 지키려면 다투기보다, 서로 믿고 힘을 합해야 한다는 걸 깨달았으니까요. 권 장사는 김 장사가 던지는 돌을 받아 차곡차곡 쌓았어요. 두 사람은 쉬지 않고 밤새 돌을 던지고 쌓았어요.

다음 날 새벽 즈음 드디어 성이 완성되었답니다. 산성 때문에 길이 가로막힌 적군은 물러갈 수밖에 없었지요. 돌아가는 적군을 보며 김 장사와 권 장사는 서로의 어깨를 다독였어요. 큰며느리도 자신의 목숨을 지키게 되어 기뻤지요. 모든 것이 자신의 품에서 편안히 자고 있는 아기 덕이라 생각했어요. 큰며느리는 두 장사를 보며 아기에게 좋은 어머니가 되겠다고 마음먹었답니다.

산성 도감

죽주산성은
몽고군과 왜군이 쳐들어왔을 때
도읍을 지켜 낸 성곽이에요.

송문주 사당 충의사

옛 방식 그대로 복원된 죽주산성의 외성

죽주산성은 경기도 안성시 죽주산 일대에 자리 잡은 산성이에요. 몽고군과 왜군이 쳐들어왔을 때 도읍을 지키는 역할을 해낸 성곽이지요. 내성, 본성, 외성, 성가퀴로 구성되어 있었고, 지금도 성곽을 복원하기 위한 작업이 이루어지고 있어요. 1236년 6월, 고려를 침공한 몽고군은 8월 말경 죽주성을 침략했어요. 이때 죽주성에는 송문주가 군사와 백성 3천여 명을 이끌고 성을 지키고 있었지요. 몽고군은 성을 포위하고 항복을 권유했으나, 송문주는 이를 거부하고 몽고군을 기습 공격하여 타격을 입혔어요. 이에 몽고군의 총공격이 시작되었지요.

그러나 송문주는 날아오는 돌에 대비하여 성안에 미리 포를 준비해 두었다가 대항하고, 몽고군이 기름을 이용하여 불을 지르자 성문을 열고 기습하는 등의 방법으로 몽고군을 물리쳤어요. 몽고군은 갖가지 방법으로 죽주성을 공격했으나, 결국 함락시키지 못하고 보름 만에 후퇴했답니다.

산성 안 대웅전 앞에 있는 옛 우물 터

복원이 안 되어 풀과 나무가 자라난 죽주산성의 외성은 복원된 성곽과 사뭇 다른 모습이에요.

죽주산성의 복원된 내성

성곽 북쪽에 여유있게 설치된 포루

북문

남문

누이가 문 위에 올리지 못한 마지막 돌덩이가 아닐까요?

터만 남아 있는 설악산 권금성

권금산성의 흔적

설악산에 위치한 권금산성은
내성과 외성이 일부분 붙어 있는
'연곽식 산성'이에요.
해발 860미터 산꼭대기에 지어진
총길이 4,990미터에 달하는
대규모 산성이지요.
지금은 성벽이 거의 다 허물어지고
터만 남아 있답니다.

무학송_8백 년 기나긴 역사의 바람을 고스란히 전하는 듯 비껴 자라난 소나무예요.

02
밥할머니의 지혜
▲▲ 북한산성 이야기

밥할머니에 얽힌 옛이야기가 전해 내려오는 북한산성은 개루왕(백제 제4대) 때에 도읍을 지킬 목적으로 쌓은 성이에요. 삼국 시대에는 치열한 영토 쟁탈 지역이었고, 고려 시대에는 잊혔다가 조선 시대에 임진왜란과 병자호란을 거치면서 외적을 막는 데 지리적으로 중요한 위치를 차지하게 되었어요. 그래서 조선 숙종 37년(1711년)에 산성을 다시 쌓지요.

산성을 쌓을 때는 가장 먼저 어디에다 쌓을지 정하고, 그다음에 산성의 크기와 무엇(재료)으로 쌓을지를 결정해야 해요. 재료는 나무, 흙, 돌이 있는데 성을 쌓을 곳에서 쉽게 구할 수 있어야 하고 운반이

쉬워야 하지요. 주위에 돌이 많다면 북한산성처럼 돌로 쌓았어요.

성벽을 쌓는 순서는 이래요. 먼저 성벽 쌓을 땅을 평평하게 다져요. 한쪽에서는 쌓을 돌을 알맞게 다듬지요. 그런 뒤 다듬어 놓은 돌을 차곡차곡 쌓고, 돌과 돌 사이의 틈은 잔돌과 흙으로 메운 뒤, 마지막으로 성가퀴를 쌓는데, 성가퀴는 몸을 숨기고 적을 감시할 수 있도록 성벽 위에 넓은 돌로 낮게 쌓은 담을 말해요. 성가퀴에 총 구멍을 내고 석회를 바르면 성이 완성되지요.

북한산성은 도성을 쌓는 방법과 비슷해요. 왕이 있는 도읍을 둘러싼 도성은 성곽 축성 방식 가운데 가장 견고하지요. 우선 가장 밑은 큰 돌로 쌓고 중간부터는 작은 돌을 줄 맞추어 쌓아요. 또 돌의 크기가 달라서 줄이 어긋날 때에는 돌과 돌이 서로 맞물리도록 해서 마찰력을 높여 튼튼하게 쌓았답니다.

흉흉한 소문

횅한 바람이 시장통을 휩쓸고 지나갑니다. 시장 한 귀퉁이에 국밥 집을 하는 할머니가 가마솥에 불을 때고 있었습니다. 밥이 다 지어진 듯 가마솥 주위에 뽀얀 밥물이 넘쳤습니다. 할머니는 며칠째 장사를 하지 않았습니다. 며칠 전 숫돌고개에서 있었던 싸움 때문에 장사를 할 수 없었습니다. 싸움 소식이 순식간에 퍼져 길에서 장사를 하던 사람들은 물론 가게 주인들도 짐을 쌌습니다. 시장은 눈 깜짝할 사이에 텅 비었습니다.

소문도 흉흉했습니다. 명나라에서 온 구원병이 왜군에게 크게 졌는데, 뿔뿔이 흩어지면서 아무 집에나 들어가 먹을 것을 빼앗고, 여자들을 괴롭힌다는 소문이었습니다. 조선을 구하러 온 명나라 군이 도리어 조선을 치러 왔다는 소문도 돌았습니다. 명도 왜놈과 똑같아서 남자만 보면 무조건 죽이고 여자는 끌고 간다고 했습니다. 그러나 할머니는 조선을 구하러 온 사람들이 그럴 리 없다고 생각했습니다. 소문은 소문일 뿐이라고요.

숫돌고개 전투가 끝나고 며칠이 지났습니다. 흉흉한 소문과 달리 할머니는 왜놈도 되놈도 볼 수 없었습니다. 그래서 할머니는 장사를 시작했습니다. 할머니가 솥단지를 걸고 판판한 나무를 받침대에 걸쳐 놓을 때쯤 한두 사람이 물건을 팔러 나왔습니다. 그래도 시장은 여전히 조용했습니다.

할머니 국밥 집은 솥단지 두 개 걸어 놓은 게 전부입니다. 할머니가 받침대에 걸쳐 놓은 나무에 사람들이 앉아 밥을 먹었습니다. 하늘을 덮을 지붕도 바람을 막아 줄 벽도 없었습니다. 시장에는 가게를 갖은 사람보다 할머니처럼 길바닥에서 장사하는 사람들이 더 많았습니다.

할머니는 쌀 씻은 뽀얀 물을 국자로 한 번 휘저었습니다. 가라앉은 쌀뜨물이 섞이면서 물은 더 뽀얘졌습니다. 할머니는 뽀얀 물을 작은 함지박에 절반만 쏟았습니다. 쌀뜨물에 된장을 풀어 가마솥에 붓고는 불을 땠습니다. 어느새 해는 하늘 가운데에 있었습니다. 그러나 할머니는 국밥을 한 그릇도 팔지 못했습니다. 그래도 할머니는 집보다 이곳이 좋았습니다. 평생 국밥을 판 곳이라 익숙해서이기도 하지만, 사람들과 만나 이야기를 나누면 외롭지 않았습니다.

"할머니 국밥 한 그릇 주쇼."

바구니 장수가 물건을 키보다 높이 쌓아 올린 지게를 내려놓으며 말했습니다.

"돌쇠 아범이구먼. 오랜만이네."

손님을 맞는 할머니의 말투가 살가웠습니다.

"불 옆으로 와서 몸부터 녹이게. 짐을 보니 이제 길을 나선 모양이구먼."

바구니 장수가 한숨을 푹 쉬었습니다.

"집에 들어가는 길이에요. 난리 통에 장사가 될까 싶다가도, 일곱 식구가 나만 바라보고 있으니 어쩔 수 없이 나섰어요."

"어디로 갔었는데?"

"평양에 갔다가 허탕만 치고 왔어요."

"북쪽은 이곳보다 장사 인심이 낫지? 우리 도와주려고 명나라에서 높은 양반이 군대를 끌고 와서 왜놈들을 물리쳤담서."

할머니는 뚝배기에 밥을 담고, 뜨거운 된장국을 붓고 쏟기를 여러 번 했습니다. 조금이라도 더 따뜻한 밥을 주기 위해서였습니다.

"장사 인심요?"

돌쇠 아범은 고개를 절레절레 흔들었습니다.

"이십 년을 넘게 장사를 다녔어도 이런 경우는 처음이에요. 장사야 잘될 때도 있고 안 될 때도 있지만 전쟁이 인심을 흉하게 만들어 버렸더라고요. 헛간에서 하룻밤 묵게 해 달래도 대문을 꼭꼭 닫아 버려요."

"쯧쯧! 아무리 난리 통이라도 그렇지 인심이 그렇게 고약해서야 원."

"하루는 왜놈이 와서 빼앗고, 하루는 되놈이 와서 빼앗고 하루가 멀다 하고 여자들을 괴롭히니 누군들 안 그러겠어요. 그 심정 이해하다가도 너무들 한다 싶더라구요."

"그럼 그 소문이 참말이었구먼. 되놈들이 조선을 자기들 재물 채워 주는 곳간으로 안다는 말이. 도우러 왔으면 곱게 도와주고 갈 일이지 왜놈들과 똑같이 뭐하는 짓인지 원."

할머니는 국밥 뚝배기를 돌쇠 아범에게 건넸습니다. 허겁지겁 수저를 든 돌쇠 아범은 국물부터 후루룩 마셨습니다. 할머니는 아궁이 앞에 앉아 시래기를 다듬었습니다. 전쟁이 난 뒤부터는 나물을 섞어 밥을 지을 수밖에 없었습니다. 몹시 추운 데다 난리가 났으니 곡식 값은 하늘 높은 줄 모르고 치솟았습니다. 돈을 주고도 구할 수 없는 게 곡식이었습니다.

"장군들은 뭐했는고? 병사들이 그런 못된 짓을 하면 말려야지."

"소문에는 조선과 명나라 연합군을 명나라가 지휘하기 때문에 조선 장군들은 아무 소리도 못 하고 속만 끓였대요."

돌쇠 아범은 배가 고팠던 터라 입에 가득 든 밥을 씹지도 않고 넘겼습니다.

"흉하디흉한 놈들. 그나저나 왜놈한테 당하고 되놈한테 당하는 건 힘없는 우리 백성이구먼."

"네. 그런데 할머니 국밥은 언제 먹어도 맛이 좋아요."

"더 달라고? 내 그 속을 모를까 봐?"

할머니는 웃으며 부러 핀잔을 주었습니다.

"배고파서 그렇겠지. 옛말에 시장이 반찬이라고 하지 않어. 적으면 더 줄 테니 천천히 먹어."

"하하하. 구수한 맛이 다른 국밥 집하고 다르다니까요."

"육십 평생 국밥을 팔았는데 뭐가 달라도 달라야지."

할머니는 아궁이에서 조금 떨어진 곳에 놓인 함지박을 봤습니다. 함지박에는 뽀얀 쌀뜨물 위로 살얼음이 얼어 있었습니다. 할머니 국밥의 비밀은 바로 쌀뜨물이었습니다.

숫돌고개 전투

"그나저나 이런 추위에 산속에서 며칠이나 버틸지 모르겠어요."
돌쇠 아범은 우뚝 솟아 있는 바위산을 쳐다보며 말했습니다.
"연합군이 저 산속에 있다는 말이 참말인가?"
"네. 이여송 장군*이 김명원 장군* 말만 들었어도 저런 꼴은 안 당했을 거라는 소문이 있더라구요."
"흉한 소리는 많이 들었어도 그 말은 처음 듣는구먼."
"평양에서 크게 이긴 이 장군이 이긴 김에 한양을 되찾자고 지칠 대로 지친 병사들을 재촉해서 내려오다가 백성들 원망도 사고 저렇게 당했다고 하더라구요."
"그렇지. 이여송 그 양반이 높은 양반이라 다르구먼. 왜놈들을 빨리 내쫓는 것이 중요하지."
"그게 아니라 되놈들이 압록강을 건너면서 하루도 안 쉬고 싸운 데다 춥고 배도 고프고 해서 아무 집에나 들어가 약탈했다는 거예요. 또 김 장군이 날도 추우니 군사를 정비해서 출발하자고 한 말도, 숫돌고개에 적군이 숨어 있을 것 같다고 한 말도 싹 무시해서 저런 꼴을 당했다고 하더라고요."
돌쇠 아범은 잠시 할 말을 잃었습니다. 숫돌고개에서 마주한 피비린내와 선명한 핏자국이 떠올랐기 때문입니다.
"왜 그래?"

"숫돌고개를 넘어왔거든요. 이 장군이 김 장군 말만 들었어도 그렇게 많은 사람이 죽지 않았을 거예요. 연합군이 숫돌고개를 들어서는데 왜놈들이 나타나서 싸우는 시늉만 하고 달아나니까 김 장군이 아무래도 적이 숨어 있는 것 같다고 했다는데, 이 장군은 한양이 코앞이니 그럴 리 없다고 우기면서 밀고 나갔다지 뭐예요. 그곳을 지나면서 보니까 바위도 많고 산세도 깊은 것이 아무것도 모르는 내가 봐도 딱 매복* 장소던데."

"그러게 말을 흘려들으면 안 되는데."

"매복에 당해서 연합군이 북한산으로 들어갔는데, 또 그것이 사면초가*였대요. 앞에는 높은 바위가 떡 버티고 있고 산자락 아래에서는 왜놈들이 진을 치고서 연합군의 식량이 떨어지기를 기다리고 있으니 연합군은 이러지도 저러지도 못하고 있대요."

할머니가 더 떠 준 국밥까지 다 먹어 치운 돌쇠 아범이 입가를 닦으며 말했습니다.

"우리도 죽은 거나 마찬가지예요. 하루 벌어 하루 입에 풀칠하는 우리 같은 사람들은 입에 거미줄 치게 생겼으니 말이에요."

돌쇠 아범은 허리춤에 묶어 놓은 전대*를 풀었습니다.

'왜놈이 연합군의 식량이 떨어지기만을 기다린다…….'

할머니의 머릿속에 돌쇠 아범 말이 계속 맴돌았습니다. 그때 할머니 눈에 함지박에 남아 있던 뽀얀 쌀뜨물이 보였습니다. 문득 할머니에게 쌀뜨물처럼 뽀얀 횟가루* 푼 물이 떠올랐습니다.

'그래, 횟가루! 횟가루를 물에 풀면 쌀뜨물처럼 보일 것이고, 횟물이 바로 효과가 나진 않지만…… 가만있자 뭐가 더 있어야…….'

할머니의 머릿속이 바빠졌습니다.

"난리가 나서 국밥 값도 올랐죠?"

그러나 할머니는 대답이 없었습니다.

"할머니?"

"으, 응?"

"국밥 값……."

"응, 조리*가 다됐어. 조리 하나하고 소쿠리 좀 큰 걸루 놓고 가면 자네가 손핸가?"

"할머니, 매번 그러지 않아도 되는데……."

돌쇠 아범이 지게에서 조리와 소쿠리를 내리자, 할머니도 가게를 정리하기 시작했습니다.

"해 지려면 한참 남았는데 벌써 장사 끝내게요?"

"으응, 내가 오늘 집에 일이 있는데 깜빡했구먼. 요즘은 당최 정신이 없어서 깜빡깜빡해. 어딜 좀 다녀와야 하는데……."

할머니는 곡식과 나물, 그리고 그릇들을 큰 함지*에 담았습니다. 그러고는 서둘러 집으로 향했습니다.

장군을 만난 밥할머니

"이대로 앉아서 모두 죽든가 아니면 항복해서 목숨을 구하든가, 길은 두 갈래뿐이오."

명나라 이여송 장군의 말에 장수들은 아무 말이 없었습니다. 여기저기서 한숨 소리만 쉴 새 없이 들렸습니다. 쌀도 없이 추운 겨울 산에서 며칠이나 버틸 수 있을지 알 수 없었습니다. 이대로 있다가는 굶어 죽거나 얼어 죽는 것밖에 방법이 없었습니다. 그때 김명원 장군이 장수들의 얼굴 하나하나를 훑어보며 말했습니다.

"한 가지 길이 더 있습니다. 지금이 적을 공격할 기회이기도 합니다. 우리가 곤경에 처한 걸 아는 적들이 방심한 틈을 타서 총반격을 하는 것입니다."

"지금 적군의 기세는 하늘을 찌를 것이오. 우리 병사로는 어림도 없소."

"총공격을 하면 분명 길이 보일 것입니다."

"확실하지 않은 일에 목숨을 내놓을 순 없소."

명나라의 장수 중 한 명이 말했습니다.

"이렇게 손 놓고 있다가 가만히 앉아서 죽을 수는 없습니다. 어떻게 해서든 길을 뚫어야 합니다. 그래야 흩어진 병력을 재정비하고 다시 싸울 수 있습니다."

김 장군은 명나라의 장수들을 설득하려 했으나 그의 말에 귀 기울이는 장수는 한 명도 없었습니다.

"장군의 말은 맞으나……."

이 장군은 김 장군의 말을 무시했다가 숫돌고개 전투에서 졌기 때문에 잠시 주춤했으나, 곧 침통한 목소리로 말을 이었습니다.

"이번 격돌로 우리 군은 많은 병력을 잃었소. 반면에 적군의 기세는 하늘을 찌를 것이오. 총공격을 한다 해도 탈출구는 고사하고 쥐 한 마리 빠져나갈 구멍 찾는 것도 어려울 것이오."

장수 대부분이 싸울 의지가 없어 보이자, 김 장군도 더 이상 할 말이 없었습니다. 김 장군은 오랜 시간 장수들을 설득하느라 머리가 무거웠습니다. 생각을 정리하려고 막사* 밖으로 나갔는데, 밖이 소란스러웠습니다.

"안 된다니까요. 어서 내려가세요."

병사 몇 명이 할머니를 둘러싸고 있었습니다.

"장군님 한 번 뵙게 해 주오. 할 말이 있다니까."

할머니는 병사들의 말에 아랑곳하지 않았습니다.

"한가하게 할머니 말 듣고 있을 상황이 아니라니까요. 날 어두워지기 전에 얼른 내려가세요."

병사의 말 속에 짜증이 묻어 있었습니다. 그래도 할머니는 버텼습니다.

"무슨 일이냐?"

김 장군이 물었습니다.

"웬 노파가 장군님을 찾고 있습니다."

병사가 가리키는 곳을 보니 초라한 노파가 머리에 함지를 이고 서성거리고 있었습니다. 노파는 다름 아닌 숫돌고개 남쪽에 있는 진거리에서 밥장사를 하는 밥할머니였습니다. 할머니는 돌쇠 아범

이 하는 말을 듣고 곧장 이곳으로 온 것입니다.

"무슨 일이오."

"제가 드릴 말씀이 있는데요."

"나는 부탁을 들어줄 만큼 한가한 사람이 아니네. 전투에 져서 쫓기고 있는 것이 안 보이는가."

"여기를 벗어날 비책이 있는데……."

할머니는 김 장군이 미처 피할 틈도 없이 귀에 속삭였습니다. 할머니의 말을 들은 장군의 얼굴이 점차 밝아졌습니다. 그러고는 서둘러 막사로 들어갔습니다.

김 장군이 웃으며 막사에 들어서자 모두들 의아해했습니다. 김 장군은 이 장군에게 밥할머니의 말을 전했습니다. 밥할머니의 계획이 전해지자 막사의 분위기는 금방 밝아졌습니다. 병사들에게도 순식간에 전달되었습니다.

이 장군도 크게 기뻐하며 병사들에게 지시를 내렸습니다.

"근처 마을에 내려가서 짚단과 횟가루를 있는 대로 가져오도록 하라."

병사들은 며칠 동안 굶주렸지만 힘이 났습니다. 이 계획만 성공한다면 살아서 고향으로 돌아갈 수 있다는 희망이 생겼기 때문입니다. 병사들은 짚단을 부지런히 모았습니다. 며칠 동안 모은 짚단이 산더미처럼 쌓였습니다. 멀리서 보면 마치 산봉우리 같아 보였습니다.

연합군은 짚단을 다 쌓고 나자 계곡에 횟가루를 풀었습니다. 그러자 쌀 씻은 물처럼 뽀얀 물이 흘러갔습니다.

한편, 왜군은 산기슭에 진을 치고 있었습니다. 왜군 장수들은 기다리기만 하면 이기는 싸움이라 여겼습니다. 무기를 낭비하며 싸우지 않아도, 쌀이 떨어지면 연합군은 굶주려 죽거나 추워 얼어 죽거나 아니면 항복할 것이라고 생각했습니다. 그리고 그날이 머지 않았다고 생각했습니다. 그런데 갑자기 정적을 깨는 소리가 들렸습니다.

"아이쿠 배야. 사람 살려."

한두 명의 병사가 배를 잡고 뒹굴었습니다. 소리를 듣고 모여든 병사들도 갑자기 배를 움켜잡고 쓰러지면서 소리를 지르기 시작했습니다. 시간이 지나자 배를 움켜잡고 여기저기 나뒹구는 병사들이 늘었습니다. 아프지 않은 병사들은 겁을 먹고 얼굴이 하얘졌습니다.

왜군 장수들은 급히 총사령관의 막사로 향했습니다. 장수들이 미처 앉기도 전에 한 병사가 막사로 뛰어들었습니다.

"장군! 큰일 났습니다."

"무슨 일이냐?"

"계곡물이 뿌옇습니다. 계곡물을 마신 자들이 다 배가 아프다고 합니다."

왜군을 물리친 밥할머니

왜군이 자리 잡은 산자락에는 삼시간에 불길한 기운이 퍼졌습니다. 왜군 장수는 병사들에게 계곡물을 마시지 말라고 명령을 내렸습니다. 며칠이 지나자 여러 날 동안 물 한 모금 마시지 못한 군사들은 하나 둘 계곡물을 마시기 시작했고, 배를 움켜잡고 나뒹구는 군사의 수도 점점 늘어났습니다. 명령도 소용이 없었습니다.

한 병사가 목마름을 참지 못하고 몰래 산골짜기를 올랐습니다. 그런데 웬 노파가 머리에 함지를 이고 산에서 내려오고 있었습니다. 밥할머니였습니다. 수상하게 여긴 병사는 할머니를 붙잡아 총사령관에게로 갔습니다.

"할멈! 산에서 내려오는 중이라고?"

"그렇소."

밥할머니는 왜군 총사령관 앞에서도 고개를 숙이지 않았습니다.

"이 산에는 연합군이 있다. 할멈! 연합군의 끄나풀* 아니야?"

"왜군이든 연합군이든 나같이 힘없는 백성에게 무슨 상관이 있다고. 우리는 그저 밥 세 끼 배부르게 먹고 등 따스우면 되는 사람들이오."

"무슨 일로 산에는 들어갔소?"

"등 따습게 하려면 나무를 해야 할 것 아니오. 불 땔 나무가 있으면 뭐하러 이 추위에 산에 갔겠소."

밥할머니는 뻔한 걸 묻는다며 핀잔을 주었습니다.

"그것은 뭐냐?"

왜군 총사령관은 할머니가 이고 온 함지를 가리켰습니다. 밥할머니는 얼굴에 굵은 주름을 만들며 환하게 웃었습니다.

"저 위에 있는 군인들이 준 쌀이오. 자기들은 쌀이 너무 많아서 감당하기 힘들다며 나한테 이렇게 퍼 주지 뭐요."

그러고는 높이 쌓아 놓은 짚단을 가리키며 말을 계속했습니다.

"저기, 저거 보이지 않소?"

왜군 장수들은 밥할머니가 가리키는 곳을 쳐다봤습니다.

"저게 다 노적가리더라고."

"노적가리?"

"노적가리 모르슈? 밖에다 쌓아 둔 곡식 더미 말이오. 저렇게 곡식이 천지에 깔려서 떡 해 먹는다고 매일 쌀을 씻어 대니 물인들 깨끗하겠소."

밥할머니는 은근슬쩍 물이 흐려진 이유를 거짓으로 흘렸습니다.

"쌀뜨물을 먹었다고 배가 아프진 않아. 바른 대로 말하면 살려 주지."

"참말로 쌀뜨물이라니까. 배가 아프다면 혹시 역……병? 아이고! 내려가도 되겠소."

왜군 장수들은 밥할머니의 이야기를 듣고 얼굴이 하얘졌습니다. 연합군의 군량미가 떨어지기만을 기다렸는데, 오히려 연합군이 자신들의 군량미가 떨어지기를 기다렸다니 등골이 오싹했습니다. 그런 데다 역병이 돌지도 몰랐습니다. 이런 상황이 연합군의 귀에 들어간다면 바로 공격해 올 것이 틀림없었습니다.

이튿날 왜군은 바로 철수했습니다. 그 모습을 바라보던 연합군

의 얼굴에 미소가 떠올랐습니다.

"노파의 생각이 딱 맞아떨어졌군요."

"노파가 우리를 살렸어. 노인들의 지혜를 따를 수 없다는 말이 새삼스럽군."

밥할머니의 지혜로 위기에서 벗어난 연합군은 군사를 재정비할 수 있었습니다. 사람들은 그날 이후 그 봉우리를 노적봉이라고 불렀습니다.

 알·고·갑·시·다·!

- **이여송 장군**(1549~1598) : 명나라의 장수로 임진왜란 때 병사 4만 명을 조선에 이끌고 와서 조·명 연합군 총사령관을 맡았다.
- **김명원 장군**(1534~1602) : 조선 중기의 문인으로 임진왜란 때 군무를 통괄하는 팔도 도원수로 참전했다.
- **매복** : 적을 공격하거나 침입을 막기 위해 숨어서 살피거나 기다리는 것.
- **사면초가** : 사방에서 공격을 받아 어쩔 수 없는 상태나 아무에게도 도움을 받지 못하는, 외롭고 곤란한 지경에 빠진 형편을 이르는 말.
- **전대** : 돈이나 물건을 넣어 허리에 매거나 어깨에 두르기 편하도록 천으로 만든 자루.
- **횟가루** : 비료, 시멘트, 유리를 만드는 데 쓰는 흰 가루. 석회 가루라고도 한다.
- **조리** : 쌀을 씻으면서 돌이나 못 쓸 것들을 가려낼 때 쓰는 기구.
- **함지** : 밑은 좁고 위는 넓게 나무로 짜서 만든 그릇.
- **막사** : 천막 따위로 간단하게 지은 집.
- **끄나풀** : 앞잡이 노릇을 하는 사람을 낮잡아 이르는 말.

나라를 구한 노인에 얽힌 산성 이야기

〈밥할머니의 지혜〉에서처럼 산성에는 노인의 지혜로 나라를 구한 이야기가 많이 전해 오고 있어요. 이번에 들려줄 행주산성에 얽힌 이야기도 그 가운데 하나지요. 임진왜란 때 홀연히 나타난 노인이 권율 장군(1537~1599, 임진왜란 때 군대를 총지휘하며 전쟁을 승리로 이끌어 큰 공을 세웠고, 특히 행주대첩에서의 승리가 잘 알려져 있음.)을 도와 행주산성을 쌓은 이야기랍니다.

행주산성의 이름은 행주치마에서 유래했어요. 임진왜란 때 아낙네들이 행주치마에 돌을 싸서 나르거나 던졌답니다. 그때부터 그 성을 행주산성이라고 불렀어요. 그러면 행주산성을 쌓게 된 이야기를 시작해 볼게요.

며칠째 권율 장군은 마음이 무거웠어요. 하루라도 빨리 빼앗긴 한양을 되찾고 싶어서였지요. 그러려면 한양과 가까운 곳에, 왜군의 움직임은 잘 보이되 우리 군의 움직임은 적에게 보이지 않는 곳을 찾아야 했어요. 그러나 두 가지를 다 만족하는 장소를 찾기가 쉽지 않았어요. 적의 움직임이 잘 보이면 우리 쪽에 우물이 없거나 무기와 식량의 보급이 차단되기 쉬운 곳뿐이었지요.

권율 장군은 날이 채 밝기도 전에 성터를 찾아 나갈 채비를 했어요.

"장군! 웬 노인이 장군을 뵙자고 합니다."

권율 장군은 뭔가 급한 일일 것이라고 생각했어요.

"안으로 모셔라."

"진을 치기에 좋은 곳이 있는데 한번 보시겠소?"

막사로 들어온 노인은 장군을 보자마자 대뜸 이렇게 말했어요. 권율 장군은 이름도 사는 곳도 신분도 말하지 않은 노인을 잠시 동안 바라봤어요. 행색은 초라하나 두 눈만큼은 맑은 기운이 서려 있었지요.

"앞장서시오."

장군은 어디냐고 묻지도 않고 노인과 함께 길을 나섰어요. 논두렁과 밭고랑을 지나 산으로 들어섰지요. 그 산은 권율 장군이 진을 치고 있는 곳과 멀지 않았어요. 노인은 아무 말 없이 산에 올랐어요. 장군도 묵묵히 뒤를 따랐지요. 노인을 따라 산에 오른 장군은 그동안의 고민을 날려 버렸어요. 뒤에는 바다가 있고 앞은 평지라서 적군의 움직임을 한눈에 볼 수 있었어요. 이만큼 좋은 성터가 없었지요. 권율 장군은 가벼운 마음으로 막사로 돌아왔어요.

막사로 돌아와 보니 체철사(지방에 군란이 있을 때 왕 대신 그 지방에 가서 일반 군무를 살피는 관리.)가 의논할 것이 있다며 양주로 오라는 전갈이 와 있었어요. 권율 장군은 성을 쌓을 생각에 마음이 급했지만 양주에 안 갈 수는 없었어요. 그리고 삼 일 만에 돌아와 보니 믿기지 않는 일이 벌어져 있었어요. 성벽이 높게 올라가 있고, 나무를 뾰족하게 깎아 엮은 울타리가 세워져 있었어요. 울타리는 이중으로 만들어 성벽 가까이에 있는 울타리는 흙으로

덮어 마치 언덕처럼 보이게 했어요. 이 모든 것을 노인이 병사들과 함께 삼 일 만에 이루었다고 했지요. 장군은 놀라움과 고마움에 하나하나 꼼꼼히 살펴봤어요. 그러던 중에 한 장수가 큰 궤짝을 가지고 왔어요.

"장군! 궤짝이 물에 떠내려왔습니다."

"열어 보아라."

권율 장군은 칼을 뽑아 궤짝을 겨누며 말했어요. 그러나 궤짝 안은 온갖 값진 물건들로 가득했어요. 그것을 본 노인이 말했지요.

"왜군이 재물로 병사들의 마음을 어지럽히려는 모양입니다. 이것을 모른 척하면 궤짝을 또 보낼 것입니다. 하지만 나중에 또 궤짝이 내려오거든 절대로 열어 봐서는 안 됩니다."

얼마 후, 노인의 말대로 큰 궤짝 두 개가 떠내려왔어요.

"어떻게 할까요?"

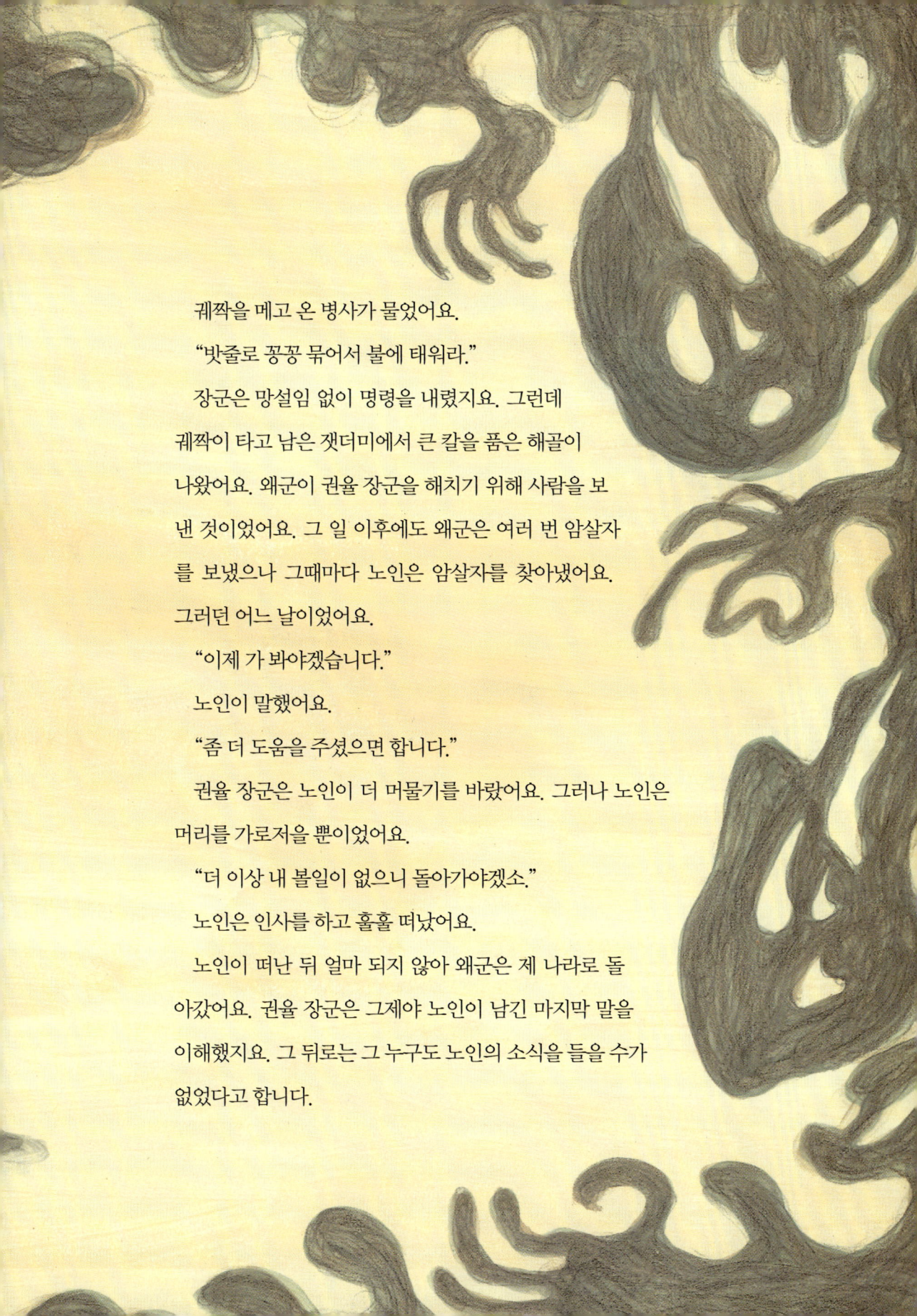

궤짝을 메고 온 병사가 물었어요.

"밧줄로 꽁꽁 묶어서 불에 태워라."

장군은 망설임 없이 명령을 내렸지요. 그런데 궤짝이 타고 남은 잿더미에서 큰 칼을 품은 해골이 나왔어요. 왜군이 권율 장군을 해치기 위해 사람을 보낸 것이었어요. 그 일 이후에도 왜군은 여러 번 암살자를 보냈으나 그때마다 노인은 암살자를 찾아냈어요. 그러던 어느 날이었어요.

"이제 가 봐야겠습니다."

노인이 말했어요.

"좀 더 도움을 주셨으면 합니다."

권율 장군은 노인이 더 머물기를 바랐어요. 그러나 노인은 머리를 가로저을 뿐이었어요.

"더 이상 내 볼일이 없으니 돌아가야겠소."

노인은 인사를 하고 훌훌 떠났어요.

노인이 떠난 뒤 얼마 되지 않아 왜군은 제 나라로 돌아갔어요. 권율 장군은 그제야 노인이 남긴 마지막 말을 이해했지요. 그 뒤로는 그 누구도 노인의 소식을 들을 수가 없었다고 합니다.

산성 도감

노적봉(위)과 **밥할머니 석상**(아래)_노적봉에 전해 내려오는 밥할머니의 용기와 업적을 기리기 위해 나라에서 경기도 진거리에 석상을 세웠어요. 그런데 석상의 머리가 없지요? 일제 강점기 초에 석상의 내력을 안 일본군이 머리를 없애고 땅속에 묻었대요. 석상은 해방 후 다시 빛을 보게 되었지만 목은 찾을 수 없었답니다.

자연의 요새, 북한산에
자리잡은 북한산성은
산이 험해서 적을 방어하기 좋고
크고 작은 계곡이 많아서
물을 쉽게 얻을 수 있었어요.

북한산은 자연의 요새랍니다. 산이 험해서 적의 침략에 방어하기 좋고, 크고 작은 계곡이 많아서 물을 쉽게 얻을 수 있어요. 그래서인지 우리 역사를 살펴보면, 이곳을 두고 치열하게 싸웠어요. 처음에는 백제의 영토였다가 고구려가 점령했지요. 이후 신라의 영토가 되었고요.

조선은 임진왜란과 병자호란을 겪으면서 새로운 산성 지을 곳을 찾았어요. 병자호란 때 임금이 남한산성으로 피신했지만 패배를 했기 때문이지요. 만약 또다시 전쟁이 일어난다면 임금이 빠르게 피난할 수 있고, 무기와 식량을 보관할 수 있어야 하며 수도와 가까워서 빈틈없이 방어할 수 있는 곳에 성을 쌓기로 했어요. 그리고 이 세 가지 조건에 딱 맞는 북한산으로 정했어요.

북한산성에는 임금이 임시로 머무는 행궁, 산성 수비와 관리를 위한 유영, 무기와 식량을 저장하는 창고, 장수의 지휘소인 장대, 병사들이 묵을 수 있게 만든 성랑, 승병들이 머무는 절 등 수백 동의 건물이 함께 들어섰어요. 건물은 세월이 흘러 비바람에 쓰러지고 없지만 그 흔적은 여전히 남아 있답니다.

대남문(위)과 **대동문**(아래)_숙종 37년에 성을 쌓을 때는 북한산성의 문이 13개였어요. 3년 뒤, 3개를 더 만들어서 성문은 16개가 되었지요. 성문의 주춧돌은 각기 독특한 모양을 하고 있어요. 대서문의 주춧돌은 동그랗고, 북문과 대성문은 짧은 기둥 모양, 대동문과 대남문은 팔각기둥 모양이랍니다.

동장대_장대는 장수가 군사를 지휘하는 지휘소예요. 동장대는 1915년 홍수로 무너진 것을 복원한 것이지요. 이때 중흥사도 같이 무너졌어요. 중흥사는 산성을 지키는 승병들이 머무는 곳이었어요. 중흥사는 지금 복원 중이랍니다.

남아 있는 행궁 터

북한산성 행궁_ 북한산성 행궁은 외전과 내전을 합해서 120여 칸이에요. 피난을 대비한 궁이지만 비교적 웅장했지요. 행궁은 일제 강점기 초까지 보존되어 있었어요. 그러다 1915년 8월에 내린 큰비로 산사태가 일어나 행궁과 그 밖의 시설물들을 휩쓸었어요. 오른쪽은 흙더미에 휩쓸리기 전의 행궁 모습이에요.

북한산성 성곽 전경

행주산성이 위치한 곳은 북한산성과 달리 산이 그리 높지 않아요. 그러나 산 뒤쪽에 한강이 흐르고 앞에는 평지가 있어서 적의 움직임을 한눈에 볼 수 있지요. 그래서 산세를 그대로 이용하여 토성을 쌓았어요. 특히 아주 단단히 다진 흙을 이어 붙여서 만든 성벽은 돌로 만든 성벽 못지않게 튼튼했답니다.

　이곳은 임진왜란 때 권율 장군이 왜군을 크게 무찌른 것으로 유명해요. 서울에서 20여 리(약 8km) 떨어진 행주산성에 배치된 조선 군사는 3천여 명이었어요. 그러나 왜군은 3만 명에 달했지요. 그러나 군사의 수가 싸움의 승패에 크게 영향을 끼치지 못했어요. 싸움이 시작되자 성내 아낙네들은 앞치마에 돌을 날랐어요. 나이 든 노인이나 어린아이들도 힘을 보태 크게 승리했지요. 그때부터 이 산성은 행주산성이라고 불렸답니다. 지금은 고양행주산성으로 이름이 바뀌었어요.

산세를 그대로 살린 행주토성

충장사

권율 장군이 3천 군사로 3만 왜군을 물리친 행주산성.

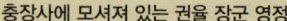

충장사에 모셔져 있는 권율 장군 영정

앞치마에 돌을 날라 적을 물리쳤다고 행주산성이라네.

충장사 앞 행주대첩비_1602년, 행주대첩의 승리를 기념하기 위해 만든 비예요. 행주대첩비에는 공적을 기리기 위해 세웠다는 내용의 비문과 함께 행주대첩의 성과와 권율 장군의 인격과 덕을 칭송하는 내용이 적혀 있어요. 정상에 있는 비가 많이 손상되어서 헌종(1845년) 때 새로 만들었어요. 왼쪽은 한글로 된 비예요.

행주산성 전경

대첩 부조

대첩기념관 _ 당시의 무기들이 진열되어 있어요. 한 번에 화살을 수십 대 쏠 수 있는 화차, 돌을 던지는 투석기도 전시되어 있답니다.

03

도포 입은 산소

▲▲ 수원 화성 이야기

수많은 전쟁을 치르면서 우리 민족과 영토를 지켜 온 산성은 우리 역사와 함께 변화해 갔어요. 우리나라는 고려 말부터 화약과 화포를 사용하기 시작했는데, 높은 성벽은 화포의 공격에 쉽게 무너져 버렸지요. 그래서 화포에 맞설 수 있으면서 성벽이 무너져도 쉽게 다시 쌓을 수 있도록 성벽은 낮게 하고 곳곳에 화포를 설치할 수 있는 시설물을 설치했어요.

임진왜란과 병자호란을 겪은 뒤에는 산성 축성에 커다란 변화가 일어나요. 전쟁을 치르면서 중국과 일본의 성에도 우수한 점이 많다는 것을 발견하지요. 그래서 우리나라의 전통적인 축성 방법에 다른 나

　라의 우수한 점을 접목하고, 과학 기술과 새로운 기구와 재료를 사용하여 튼튼한 성을 쌓게 돼요. 이와 같은 방법으로 쌓은 성이 수원의 화성이라고 할 수 있어요. 무거운 물건을 들어 올리는 거중기를 발명한 정약용과 실학자들이 오랜 연구 끝에 쌓은 화성은, 조선 후기 산성의 근대화된 축성 방식을 잘 보여 준답니다.
　화성을 쌓도록 지시한 정조(조선 제22대 왕)는 효성이 지극했던 임금으로 알려져 있는데, 화성에는 정조 임금의 효심이 묻어나는 재미있는 이야기가 전해진답니다.

임금님 행차요, 길을 비키시오

오늘은 임금님이 오시는 날입니다. 임금의 아버지인 장헌 세자*의 제사를 지내기 위해서입니다. 화성 장안문 앞은 임금님 행차를 구경하려고 모여든 사람들로 몹시 붐볐습니다.

마을 사람들은 일찍부터 거리에 나와 목을 쭉 빼고 마을 어귀만 바라보고 있었습니다. 아이들도 임금님을 본다는 사실에 들떠 있었습니다. 행차 때가 아니면 평소에 임금님을 볼 기회가 없었던 아이들이었습니다.

"좀 지나갑시다."

김 참봉이 사람들 틈에서 머리를 내밀었습니다. 나라에서 높은 사람이 죽으면 커다란 묘를 짓고 그 묘를 보살피도록 했는데, 이 일을 하는 관직을 능참봉이라고 했습니다. 사람들은 이 능참봉의 성이 김씨라서 김 참봉이라고 불렀습니다.

김 참봉이 사람들 틈에서 겨우 빠져나왔을 때였습니다. 멀리서 흥겨운 꽹과리 소리가 들려왔습니다. 대취타* 행렬이었습니다.

"임금님 행차요, 모두 길을 비키시오!"

사람들이 뒤로 물러나 바닥에 엎드렸습니다. 김 참봉도 얼른 허

리를 숙였습니다.

 잠시 뒤 새하얀 말이 따가닥거리며 천천히 걸어왔습니다. 말 위에는 임금이 타고 있었습니다. 임금이 탄 백마 뒤로는 수많은 신하들이 따랐습니다. 임금이 가볍게 손을 흔들자 모든 백성이 환호했습니다.

 "와아! 임금님 만세! 만만세!"

 임금의 행렬은 백성의 환호를 뒤로하고 장안문을 통과하여 행궁*으로 향했습니다. 행궁에서는 많은 관리들이 임금을 기다리고 있었습니다.

 "어이쿠, 내가 이렇게 구경만 하고 있을 때가 아니지."

 김 참봉은 서둘러 현륭원으로 향했습니다.

 "바쁘다, 바빠. 임금님이 행차할 때마다 힘들어 죽겠어!"

 현륭원은 장헌 세자의 묘입니다. 내일 임금이 들를 테니 준비를 단단히 해야만 했습니다. 혹시라도 묘 주위가 더럽거나 망가진 부분이 있기라도 하면, 능참봉은 목숨을 잃을 수도 있는 일이었습니다.

 "여기는 아무 이상 없군."

 김 참봉은 묘 주위를 한 바퀴 돌면서 문제가 있는 곳이 없는지 꼼꼼히 살폈습니다. 매일같이 돌보긴 했어도 막상 임금이 올 때면 가슴이 콩닥거리고 불안했습니다.

 "자, 이만하면 됐네. 내일은 정신이 하나도 없을 테니, 긴장하지 말고 집에 가서 푹 쉬게."

일꾼들에게 큰 소리로 말했지만, 오히려 긴장한 사람은 김 참봉이었습니다.

'안 되겠어. 다시 한 번 둘러봐야지.'

김 참봉은 다시 현륭원 구석구석을 살핀 뒤 마을로 내려왔습니다. 김 참봉은 발걸음이 무거웠습니다. 준비를 철저히 한 것 같은데도 시간이 지날수록 불안해졌습니다.

"참봉 나리, 이제 들어가십니까?"

정자에 앉아 막걸리를 마시던 이 생원이 손을 흔들었습니다.

"오셔서 막걸리 한 사발 드시고 가십시오."

김 참봉과 같은 마을에 사는 이 생원은 과거 시험을 준비하고 있었습니다. 마침 목이 칼칼했던 김 참봉은 정자에 올라 이 생원이 건네는 막걸리를 단숨에 들이켰습니다.

"동네가 시끄러워서 책을 읽을 수가 없어요. 한두 번 오는 것도 아닌데 말이죠."

임금이 행차할 때마다 마을 사람들은 마치 잔치가 열린 듯 기뻐했습니다.

"그러게 말일세. 임금이 한 달 스물아홉 번 화성에 행차한다는 말도 있지 않나?"

"한 달에 스물아홉 번요? 그럼 거의 매일 온다는 말이 아닙니까? 하하하."

"그만큼 자주 온다는 말일세."

임금은 능행할 때마다 수많은 신하를 데리고 화성에 머물렀습니다. 사람들은 임금이 아버지인 장헌 세자를 얼마나 그리워하면 이렇게 자주 오겠느냐며 안타까워하기도 했습니다.

물이 차지 않는 명당

드디어 그날이 밝아 왔습니다. 김 참봉은 긴장한 탓인지 밤새 편안히 잠을 잘 수 없었습니다. 서둘러 옷매무새를 단정히 하고 아침 일찍 현륭원으로 향했습니다.

현륭원은 임금 맞을 준비로 부산했습니다. 현륭원에 도착한 김 참봉은 이곳저곳을 돌아다니며 전날 깨끗하고 완벽하게 준비해 놓은 대로인지 구석구석을 살폈습니다.

김 참봉이 마지막 점검을 마쳤을 때, 마침 임금의 행렬이 현륭원에 도착했습니다. 김 참봉과 신하들은 두 손을 모으고 허리를 굽힌 채 임금을 맞이했습니다.

"수고가 많네. 어려운 일은 없는가?"

임금의 나지막한 목소리에 김 참봉이 고개를 들었습니다.

"네, 전하."

김 참봉의 목소리가 살며시 떨렸습니다.

임금은 능 주위를 휘 둘러본 뒤, 아버지 장헌 세자의 묘 앞에 향을 피우고 절을 올렸습니다. 아침마다 찾아와 요란하게 우짖던 새들도, 나뭇잎 사이를 누비며 능을 깨우던 바람도 임금의 마음을 아는지 고요했습니다. 신하들도 모두 숙연한 마음으로 임금의 뒤쪽에 고개를 숙이고 서 있었습니다. 그런데 갑자기 임금이 김 참봉에게 가까이 오라고 손짓을 했습니다. 김 참봉은 혹 무엇이 잘못되었나 싶어 불안한 마음에 조심조심 임금에게 다가갔습니다.

임금이 천천히 말했습니다.

"자네가 보기에도 이 땅이 좋아 보이는가?"

"네, 전하. 이곳은 마른땅이라 물이 차지 않는 명당입니다."

임금이 고개를 끄덕였습니다.

"옛 생각을 하니 마음이 아프구나."

임금은 하늘을 올려다보며 눈을 감았습니다.

장헌 세자의 묘는 몇 년 전까지만 해도 지금의 화산이 아닌, 경기도 양주의 배봉산* 아래에 있었습니다. 그때 임금은 매일 밤 악몽을 꿨습니다. 아버지 장헌 세자가 나타나서 몸을 덜덜 떨며 울부짖는 꿈이었습니다. 이상한 꿈이라고 생각한 임금은 학자들에게 장헌 세자의 무덤을 조사하라고 시켰습니다. 얼마 뒤 무덤을 조사한 학자들은 놀라운 사실을 알아냈습니다. 장헌 세자의 무덤 속에 물이 흥건하게 차 있던 것이었습니다.

'아바마마께서 얼마나 추우셨으면 내 꿈에 나타나셨을까.'

그 뒤로 임금은 좋은 묏자리를 알아보기 시작했습니다. 그렇게

해서 산세가 빼어난 이곳 수원 화산으로 묘를 옮기게 된 것이었습니다.

"아바마마, 이젠 편히 쉬세요. 흑흑."

임금은 눈물을 흘렸습니다. 그리고 오랫동안 그 자리를 떠나지 않았습니다.

이상한 노인

집에 돌아온 김 참봉은 그동안 쌓였던 피로가 싹 사라지는 듯했습니다.

"이제 끝났구나. 아무 일도 일어나지 않아서 다행이야."

편안한 마음으로 잠이 든 김 참봉은 다음 날 오후가 되어서야 눈을 떴습니다.

"계십니까, 아무도 안 계십니까?"

김 참봉이 밖으로 나가자 삿갓을 눌러쓴 노인이 금방이라도 쓰러질 것 같은 모습으로 서 있었습니다.

"누구시오? 날 찾아왔소?"

"지나던 길인데, 다리를 다쳐서 움직일 수가 없소. 하루만 신세를 져도 되겠소?"

김 참봉은 모르는 사람을 집 안으로 들이는 것이 마음에 걸렸지만, 금방 쓰러질 듯한 노인을 그냥 보낼 수는 없었습니다.

"들어오십시오. 먹을거리를 좀 내오리다."

가족도 없이 혼자 살고 있던 김 참봉은 손수 밥을 지어 노인에게 가져다주었습니다. 노인은 며칠을 굶은 사람처럼 허겁지겁 맛있게 먹었습니다. 김 참봉은 그 모습을 가만히 지켜보다가 노인의 찢어진 옷에 시선이 갔습니다.

"아니, 그 옷밖에 없소?"

노인은 김 참봉의 말에는 대꾸도 하지 않고 밥만 먹었습니다. 김 참봉은 벽에 걸어 두었던 옷을 노인에게 주었습니다. 그리고 다친 노인의 다리에 약초도 발라 주었습니다. 노인은 김 참봉이 준 깨끗한 옷으로 갈아입은 뒤 금세 잠이 들었습니다.

다음 날 아침, 김 참봉이 현륭원을 돌아보고 집에 와 보니 노인은 떠날 채비를 하고 있었습니다.

"잘 쉬었소. 이 신세를 어떻게 갚아야 할지 모르겠소."

노인이 김 참봉의 손을 꼭 잡으며 말했습니다.

"내가 앞일을 볼 줄 아는 재주가 있는데, 말해도 될지······."

노인은 김 참봉의 얼굴을 뚫어지게 쳐다보며 말을 이었습니다.

"삼 일 뒤, 비가 부슬부슬 내릴게요. 비바람이 세차게 불면 나라님 산소에 가서 도포를 덮어 두고 누워 있으시오."

노인의 말에 김 참봉은 콧방귀를 뀌었습니다. 갑자기 나라님 산

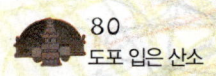

소에 가서 누워 있으라니. 정신이 나간 노인이라는 생각에 잘 대해 준 것이 후회되기까지 했습니다. 김 참봉은 노인을 얼른 내보내고 문을 쾅 닫아 버렸습니다. 그러자 노인이 문밖에서 큰 소리로 외쳤습니다.

"삼 일 뒤요. 안 그러면 당신은 죽어!"

김 참봉은 그 말을 듣자 화가 나서 문을 획 열었습니다. 그러나 노인은 이미 사라진 뒤였습니다. 김 참봉은 방에 누워 노인이 한 말을 곰곰이 생각해 봤습니다.

'나라님의 산소라면, 내가 돌보는 장헌 세자의 능을 말하는 건가? 아니야. 삼 일 뒤면 임금님은 벌써 한양에 가시고 안 계실 텐데?'

김 참봉은 이내 낄낄거리며 웃어 댔습니다. 정신 나간 노인의 말은 신경 쓰지 않기로 했습니다.

어느새 삼 일이 훌쩍 지났습니다. 김 참봉의 예상과는 달리 임금은 여전히 행궁에 머물렀습니다.

밤늦게까지 책을 읽던 임금이 내관*을 불렀습니다.

"한양으로 돌아갈 준비는 다 되었느냐?"

"네, 전하. 내일은 꼭 가셔야 합니다."

임금은 아랫입술을 질끈 깨물었습니다. 아버지 묘와 가까운 화성을 떠나는 게 싫었기 때문입니다. 그래서 하루를 미루고, 또 하루를 미루다 보니 신하들은 빨리 한양으로 돌아가야 한다며 재촉했습니다.

임금은 읽던 책을 덮고 자리에 누웠습니다. 그리고 막 눈을 감을 때였습니다. 갑자기 천둥 치는 소리가 들렸습니다. 깜짝 놀란 임금은 얼른 밖으로 나가 봤습니다. 비가 부슬부슬 내리고 있었습니다. 임금은 아버지가 잠들어 있는 현륭원 쪽을 바라보며 한숨을 내쉬었습니다. 다시 자리에 누웠지만 잠이 오지 않았습니다. 빗줄기는 점점 거세지고 천둥소리도 잦았습니다. 임금은 배봉산에 묘가 있을 때를 떠올렸습니다.

'아무 일도 없겠지? 또 묘에 물이 차면 어찌한단 말인가.'

꿈속에서 추위에 덜덜 떨고 있던 아버지의 모습은 너무나 생생했습니다. 임금은 도저히 가만히 있을 수 없었습니다.

"현륭원으로 가겠다! 당장 채비를 해라!"

임금은 쏟아지는 비를 맞으며 소리쳤습니다.

"아니 되옵니다. 건강도 좋지 않으신데 비를 맞으면 위험하오니, 어서 비를 피하옵소서."

내관의 말에도 임금은 꼼짝하지 않았습니다.

"내 아비는 지금 홀로 비를 맞고 계시는데, 아들인 나는 편히 잠을 자란 말이냐? 아바마마의 능에 무슨 일이라도 생기면 어쩌란 말이냐."

"전하, 현륭원은 능참봉이 잘 지키고 있을 테니 걱정하지 마시옵소서."

발을 동동 구르던 내관이 임금을 안심시켰습니다.

"그래, 능참봉이 있었지. 당장 능참봉의 집에 가 보아라. 만일 그자가 집에서 편안히 잠을 자고 있다면, 그놈을 절대 용서하지 않겠다!"

도포 입은 산소

그 시각, 임금의 불호령이 떨어진지도 모르는 김 참봉은 이 생원과 막걸리를 마시고 집으로 돌아가는 중이었습니다.

"우르르 쾅쾅!"

'비가 오려나, 천둥이 치게?'

김 참봉은 콧노래를 부르며 방으로 들어가 방바닥에 벌러덩 누웠습니다. 그러고는 금세 잠이 들었습니다.

"으아악!"

얼마 뒤, 김 참봉이 비명을 지르며 벌떡 일어났습니다. 김 참봉의 꿈속에 며칠 전 집에 묵었던 삿갓 쓴 노인이 나와서 똑같은 말을 반복했던 것입니다.

'비가 부슬부슬 내리고 비바람이 세차게 불면 나라님 산소에 가서 도포를 덮고 누워 있으시오.'

김 참봉은 노인이 한 말을 생각하며 물을 벌컥벌컥 들이켰습니다.

'가만있자. 삼 일 뒤라고 했었지. 그럼 오늘이잖아?'

김 참봉은 주룩주룩 내리는 비를 맞으며 현륭원 쪽을 향해 걸어갔습니다. 수상한 노인의 말만 믿고 시키는 대로 하는 것이 내키지는 않았지만, 조금 전에 꾼 꿈은 너무나 생생했습니다. 금방이라도 노인이 김 참봉의 눈앞에 나타날 것만 같았습니다.

이내 장헌 세자의 능이 눈앞에 나타났습니다. 김 참봉은 무덤 앞에 다가가 잠시 멈춰 섰습니다. 비를 흠뻑 맞아 온몸이 바르르 떨렸습니다.

'이게 뭐하는 짓인지, 나 원.'

김 참봉은 도포를 벗어 무덤 위에 덮은 다음, 상돌* 옆에 몸을 뉘었습니다. 이제 비를 맞아도 감각이 없을 정도로 온몸이 얼어붙은 듯 차가웠습니다.

"김 참봉은 어명을 받들라!"

임금의 호위관들이 김 참봉의 집을 에워싸고 소리쳤습니다. 그런데 안에서는 아무 소리도 들리지 않았습니다. 호위관들은 온 집안을 살펴봤습니다.

"대장, 김 참봉이 없습니다."

호위대장은 온 마을을 뒤져서라도 김 참봉을 찾아내라고 명령했습니다. 그러나 비가 억수같이 쏟아지는 밤에 김 참봉을 찾기란 여간 어려운 일이 아니었습니다. 그때 한 호위관이 대장에게 다가와 말했습니다.

"혹시 현륭원에 가지 않았을까요?"

호위관들은 모두 현륭원으로 향했습니다. 능에 가까이 다가갈수록 온몸에 소름이 돋기 시작했습니다. 컴컴한 데다 비까지 내려 더 으슥했습니다. 그런데 무덤 위에 희끄무레한 것이 보였습니다.

"으아악! 누, 누구시오?"

"귀신이다! 대장, 저기 귀, 귀신입니다!"

호위관은 저도 모르게 비명을 지르며 호위대장 뒤로 숨어 버렸습니다. 호위대장도 겁이 나긴 했지만, 용기를 내서 슬금슬금 다가갔습니다.

"아니, 김 참봉 아닌가? 여기 누워서 뭐하는 건가?"

김 참봉을 발견한 호위관은 당황하여 어찌할 바를 몰랐습니다.

"여기는 무슨 일로 오셨습니까?"

김 참봉도 당황하기는 마찬가지였습니다.

"어찌 됐든 여기 있어서 다행이네. 안 그랬으면 자네는 오늘이 제삿날이었을 걸세."

호위관들은 김 참봉을 임금에게 데리고 갔습니다.

행궁으로 가는 내내 김 참봉은 임금이 호위관들을 보낸 이유를 생각했습니다. 그리고 삿갓 쓴 노인의 예언을 되새겨 봤습니다. 이런저런 생각으로 행궁까지 가는 길이 짧게만 느껴졌습니다.

임금 앞에 선 김 참봉은 물에 빠진 생쥐 같았습니다. 바르르 떨고 있는 김 참봉에게 임금이 물었습니다.

"그 시각에 빗줄기를 온몸으로 맞으며 산소에 누워 있었던 이유가 무엇이냐?"

"……."

"대답해라. 도포를 산소에 덮어 둔 이유가 무엇이냐?"

김 참봉은 침을 꼴깍 삼켰습니다.

"네, 전하. 저는 장헌 세자의 능을 지키는 능참봉으로서, 장헌 세자께서 비를 맞고 계신데 신하인 제가 감히 편히 누워 잘 수 없었습니다. 그래서 제 도포로 장헌 세자의 능을 덮어 비를 안 맞게 하고 그 곁에서 잠들려 했습니다."

임금은 김 참봉에게 다가가 그의 손을 부여잡았습니다. 꼭 잡은 두 손 위로 눈물이 뚝 떨어졌습니다. 임금은 자신도 하지 못한 효를 하급 관리인 능참봉이 대신해 준 것만 같아 고마운 마음이 들었습니다. 임금은 내일 다시 화성으로 오라는 말을 하고는 김 참봉을 집으로 돌려보냈습니다.

집으로 돌아가는 내내, 김 참봉은 다리가 후들거려 잘 걷지도 못할 지경이었습니다. 만일 노인의 말을 듣지 않고 집에 있었다면 어떻게 되었을까? 상상만 해도 끔찍했습니다.

다음 날 김 참봉은 행궁으로 임금을 찾아갔습니다. 임금은 한양으로 떠날 채비를 마친 뒤였습니다.

"내가 또 언제 올지 모르니, 가기 전에 용주사*에 들러 아바마마께 인사를 올리고 가려 한다. 네가 같이 가 주겠느냐?"

임금과 김 참봉은 용주사에서 제사를 지내고 절을 올렸습니다.

"이것을 받아라."

임금은 김 참봉에게 관복* 한 벌을 건넸습니다.

"이것이 무엇이옵니까, 전하."

"네 충심에 감동하여 너를 수원 유수*로 명하노라!"

김 참봉은 갑자기 내려진 벼슬에 감격하여 관복을 꼭 껴안고 눈물을 흘렸습니다. 그리고 앞으로 화성과 현륭원을 더욱 소중히 돌보겠다고 다짐했습니다.

 알·고·갑·시·다·!

- **장헌 세자** : 조선 제21대 왕 영조의 둘째 아들로 영조의 노여움을 사 뒤주에 갇혀 죽었다. 죽은 뒤 사도 세자라 불렸으나, 훗날 아들 정조가 왕위에 오르지 못하고 죽은 아버지에게 장헌이라는 이름을 붙이고, 1899년에는 장조라는 임금의 칭호도 주었다.
- **대취타** : 임금이 능에 행차하거나 군대가 행진하는 등 공식적인 행사에서 연주하는 음악.
- **행궁** : 임금이 행차할 때 임시로 머물던 궁전.
- **배봉산** : 지금의 서울 동대문구에 있는 산.
- **내관** : 임금의 시중을 드는 관리.
- **상돌** : 무덤 앞에 음식을 차려 놓기 위해 만들어 놓은 돌.
- **용주사** : 지금의 경기도 화성시에 있는 절로, 정조가 장헌 세자의 넋을 기리기 위해 세웠다.
- **관복** : 벼슬아치들이 입는 정식 옷.
- **수원 유수** : 수원은 지금의 수원시와 화성시를 통틀어 말하며, '유수'는 수도 이외의 지역을 관리하는 벼슬이다.

기똥찬 생각으로 적을 물리친 산성 이야기

화성이 있는 수원에서 조금 떨어진 오산에는 '독산'이라는 산이 있어요. 독산은 나무가 없어 헐벗은 산이라는 뜻이지요. 독산 꼭대기에는 산성이 자리 잡고 있었는데, 지금은 산성의 대략적인 모습을 짐작할 수 있도록 복원되어 있어요. 옛 산성의 웅장한 모습을 상상하며 성곽을 따라 걷다 보면, 이곳에 전해지는 재미있는 이야기가 생생하게 떠오른답니다.

임진왜란 때의 일이었어요. 전라도 순변사(왕의 명령에 따라 지방에서 군사를 돌보는 장수.)였던 권율 장군은 왜군에게 빼앗긴 수도를 되찾기 위해 병사들과 함께 한양으로 떠났어요. 수원에 도착한 장군은 병사들을 독산으로 이끌었지요. 독산은 낭떠러지와 뾰족하고 높은 바위로 둘러싸여 있었어요.
"이 성안에는 샘터가 없다. 남아 있는 물도 부족하니 아껴서 먹도록 해라."
병사들은 얼마 남지 않은 식량으로 죽을 쒀 나눠 먹었어요.
그러던 어느 날이었어요.
"장군, 큰일 났습니다. 왜군이 바로 코앞에 진을 치고 있습니다."

병사의 말에 권율 장군은 벌떡 일어나 성가퀴로 갔어요. 왜군이 분명했지요.
"백 명도 안 되는 것 같군. 저들도 섣불리 공격하지는 못할 걸세."
장군은 병사들을 안심시키고 말을 이었어요.
"우리도 많이 지쳐 있어서 이긴다는 확신이 없다. 지금 싸우면 양쪽 다 병사들만 죽어 나갈 뿐이다. 왜군이 물러날 때까지 기다릴 수밖에."
장군은 깊은 생각에 잠긴 채 적진을 바라보기만 했어요.
'결국, 물이 많이 남아 있는 쪽이 오래 버틸 수 있겠군.'
그렇게 서로 눈치만 보면서 보초를 선 지 일주일째였어요. 이제 물과 식량은 거의 바닥이 났지요. 그런데 뜻밖의 일이 일어났어요. 왜군 한 명이 권율 장군을 만나게 해 달라며 성으로 찾아온 거예요. 성문이 열리자 왜군은 물통을 내려놓았어요.
"그게 뭔가?"
"저희 대장께서 전해 드리라고 했습니다. 받으시지요."
물통을 받아 든 권율 장군은 적들의 뜻을 금방 알아챘어요.
"물이 다 떨어져 갈 테니 항복하고 순순히 성을 내놓으라는 게지. 가서 너희 대장에게 전해라. 선물은 고마우나, 헛수고를 했다고 말이야."
왜군이 돌아가자 한 병사가 다급한 목소리로 장군에게 물었어요.
"장군, 이 물이 뭡니까? 왜 물을 보낸 걸까요?"
"왜군은 물이 충분히 남아 있다고 말하는 것 같구나."
권율 장군은 물통을 바라보며 곰곰이 생각했어요. 왜군도 오랫동안 식량을 지원 받지 못해 물이 넉넉할 리 없었어요. 물이 떨어지자 불안해진 왜군이 권율 장군을 속이려는 꼼수가 틀림없었지요.

다음 날 권율 장군은 아침 일찍 눈을 떴어요.

"쌀을 있는 대로 전부 가지고 산성 꼭대기로 오너라."

장군은 말 한 마리를 데리고 산성의 제일 높은 곳으로 올라가 말의 털을 솔로 빗기기 시작했어요.

"히이이잉, 히잉."

말은 기분이 좋은지 크게 울었어요. 그러자 멀리 적군 진영에서 왜군들이 하나 둘 씩 나와 산성을 올려다보기 시작했어요.

"자, 이제 가져온 쌀을 말에게 부어라!"

병사들은 장군이 시키는 대로 말에게 쌀을 부었어요.

"멀리서 보면 우리가 말을 목욕시키는 줄 알 거다!"

그제야 병사들은 권율 장군의 뜻을 이해할 수 있었지요.

한편, 산성 꼭대기를 올려다보던 왜군이 깜짝 놀라 소리쳤어요.

"저, 저게 뭐야? 말을 목욕시킬 정도로 물이 많은 거야?"

장군의 군대에 물이 떨어지기만 기다리고 있던 왜군은 힘이 쫙 빠졌어요.

"저 산성 안에 샘터가 있는 모양입니다. 샘터가 있다면 조선군은 다시 싸울 기력을 회복했을 겁니다."

그 말을 들은 왜군 대장이 병사들에게 소리쳤어요.

"우리는 오늘 독산을 떠날 것이다. 모두 퇴각하라!"

권율 장군과 병사들은 왜군의 떠나는 뒷모습을 지켜보며 환호했어요.

"권율 장군 만세, 권율 장군 만만세!!"

이후, 사람들은 독산성 꼭대기를 세마대라고 불렀어요. 세마대는 평평한 곳에 말을 세워 놓고 목욕을 시켰다는 뜻이랍니다.

산성 도감

장안문 _ 장안문은 화성의 4대문 중 북쪽 대문으로 '북문'이라고 부르기도 해요. 정조는 화성능행차를 할 때 이 문을 통과하여 행궁으로 들어갔어요. 반원형의 옹성을 쌓아 방어 기능을 높인 장안문은 조선 시대의 건축을 대표하는 훌륭한 작품이지요.

화성은 경기도 수원시 팔달구에 자리 잡은 조선 시대에 지어진 마지막 산성이에요. 조선 제22대 임금 정조가 아버지의 묘를 수원으로 옮기고 신도시를 만들면서 축성했지요.

화성은 조선의 대표적인 실학자 정약용이 설계했어요. 실학은 이론에 치우친 학문보다는 백성들의 삶을 풍족하게 하고 쓸모 있는 학문을 하자는 사상이에요. 정약용은 이러한 실학사상을 바탕으로 거중기와 녹로(높은 곳이나 먼 곳으로 무언가를 이동할 때 쓰는 도르래.) 등의 신기기를 발명하고, 과학적이고 실용적인 기술을 사용하여 성을 쌓았어요. 이렇게 해서 2년 10개월이라는 짧은 기간에 완공한 화성은 조선 실학사상이 깃든 대표적인 건축물이라고 할 수 있지요.

이렇게 과학적이고 실용적인 산성을 만들다니, 정약용은 대단해요.

서북각루

서북공심돈과 화서문_ 화성에서만 볼 수 있는 유연성과 기능성이 우수한 재료를 사용해서 지은 공심돈은 독창적인 건축 형태와 조형미를 가지고 있어요. 화성의 서쪽 문인 화서문은 보물 제403호로 지정되어 있답니다.

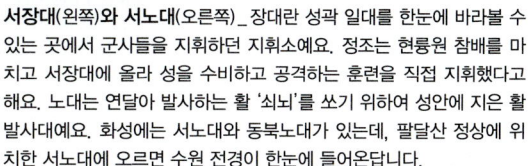

서장대(왼쪽)와 서노대(오른쪽)_ 장대란 성곽 일대를 한눈에 바라볼 수 있는 곳에서 군사들을 지휘하던 지휘소예요. 정조는 현륭원 참배를 마치고 서장대에 올라 성을 수비하고 공격하는 훈련을 직접 지휘했다고 해요. 노대는 연달아 발사하는 활 '쇠뇌'를 쏘기 위하여 성안에 지은 활 발사대예요. 화성에는 서노대와 동북노대가 있는데, 팔달산 정상에 위치한 서노대에 오르면 수원 전경이 한눈에 들어온답니다.

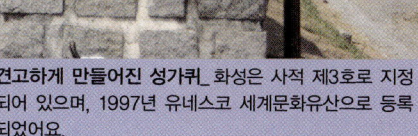

견고하게 만들어진 성가퀴_ 화성은 사적 제3호로 지정되어 있으며, 1997년 유네스코 세계문화유산으로 등록되었어요.

복원된 행궁

화성 행궁 전도

신풍루_ 신풍루는 화성 행궁의 정문이에요. '신풍'이란 새로운 또 하나의 고향이란 뜻으로 정조의 수원에 대한 사랑을 잘 보여 주지요.

독산은 경기도 오산에서 가장 높은 산이에요. 독산 꼭대기에는 1964년에 사적 제140호로 지정된 독산성과 세마대 터가 있어요. **독산성**은 백제 때에 축조하여 통일신라와 고려를 거쳐 조선 시대까지 사용되었어요. 한양을 오가는 길목에 위치하고 있어 군사적으로 매우 중요한 산성이었어요. 모두 5개의 성문이 있는데, 남문과 서문이 잘 복원되어 있답니다. 권율 장군은 독산성에서 적의 진격을 막아 낸 뒤에 행주산성으로 가서 임진왜란의 3대 대첩 가운데 하나인 행주대첩을 승리로 이끌었지요.

둘레가 3,240미터이고 문도 4개나 있는 커다란 산성이었지만, 성안에 샘터가 없어서 물이 부족한 단점이 있었답니다.

독산성은 한양을 오가는 길목에 위치해 군사적으로 매우 중요했어요.

독산성 성곽과 치성 _ 성곽 주변은 대부분 바위가 많고 매우 가파른 낭떠러지로 되어 있어요. 대부분의 산성이 그렇듯 독산성도 자연 지형을 이용해 산 정상을 둘러가며 성벽을 쌓는 퇴뫼식 축성법을 이용했어요. 적을 감시하고 방어하기 위해 성벽을 돌출시켜 쌓은 치성이 잘 보존되어 있지요.

세마대 _ 독산성 꼭대기에는 세마대가 있어요. 임진왜란 때 권율 장군이 이곳에 말을 끌어다 놓고 흰쌀을 말 등에 끼얹어 씻기는 시늉을 해 보이자, 성내에 물이 풍부하다고 생각한 왜군이 도망갔다는 이야기가 전해지지요.

04

진실을 알리는 바위

▲▲▲ 남한산성 이야기

외적의 침입을 대비해 만든 산성 안에는 무엇이 있었을까요?

남한산성이나 북한산성처럼 한강과 수도 서울을 지키기 위해 만들어진 산성에는 군사들을 훈련시키는 훈련소가 있었어요. 보통 때 산성을 지키는 군사들이 무술 훈련을 하는 곳으로 연무관이라고 불렀지요. 남한산성에는 경기 남부 일대의 군대를 총지휘하던 수어청이 있었어요.

또한 산성은 백성들의 소중한 삶의 터전이기도 했어요. 외적의 침입이 잦았던 역사 속에서 백성들에게는 안전한 생활 공간이 중요했답니다. 특히 남한산성처럼 지하수가 풍부하고 넓은 농토가 발달한 경

우에는 많은 사람들이 모여 살았지요. 마을이 커지면서 산성 안에는 닷새마다 장이 열려서 전국의 장사꾼들이 모여들기도 하고, 정월 대보름이면 달맞이 잔치도 열렸어요. 남한산성은 교육과 문화의 중심지 노릇도 거뜬히 해냈답니다.

어른 걸음으로 하루를 꼬박 걸어야 할 정도로 길고 넓은 성을 산 위에 쌓아 올리는 일은 쉬운 일이 아니었어요. 남한산성에는 산성을 쌓을 때의 어려움이 묻어나는 이야기가 전해지고 있답니다.

성벽을 다시 쌓아라

　조선 제16대 왕 인조 때의 일입니다. 임금은 남한산성이 자꾸 허물어져 가는 것이 걱정이었습니다. 남한산성은 수도 한양을 지키는 무척 중요한 산성이기 때문입니다. 오래전에 흙을 쌓아 만든 산성이라 잦은 전쟁으로 성벽 군데군데가 주저앉았습니다. 임금은 장군 중에서 으뜸인 이서 장군을 남한산성으로 보냈습니다.

　성벽을 따라 따스한 봄 햇살이 비치고 햇발 사이로 풀싹들이 삐죽삐죽 고개를 내밀 때였습니다. 바람에 펄럭이는 깃발을 높이 쳐든 병사들이 남한산 마루에 줄지어 서 있었습니다. 병사들 무리 앞으로 붉은색 갑옷과 투구를 갖춰 입은 장군 한 명이 말에서 내리더니 성큼성큼 걸어서 성벽 이곳저곳을 둘러봤습니다. 그 뒤를 꼼꼼하고 철저하다고 소문난 이회 장군과, 많은 스님들의 존경을 받는 벽암 대사가 따랐습니다.

"외적의 침입을 가장 잘 막아 낼 수 있는 모양새를 갖추고 있군."

이서 장군이 입을 열었습니다. 이서 장군은 오랜 전쟁의 경험으로 남한산성을 한눈에 알아봤습니다.

"칼로 도려낸 듯 가파른 산세가 적들이 쉽게 기어오를 수 없는 곳입니다."

이회 장군이 맞장구를 쳤습니다. 이서 장군을 도와 전쟁터를 함께 누빈 이회 장군은 누구보다 그의 뜻을 잘 헤아리는 사람이었습니다.

"성안으로는 넓은 밭이 있고, 물이 풍부하여 장기전에 대비하기 좋은 곳이지요."

승복이 멋스럽게 어울리는 벽암 대사도 한마디 거들었습니다.

"성곽의 길이가 어른 걸음으로 한나절은 족히 걸리는 길이오. 이곳을 돌로 다시 쌓는 일은 결코 만만한 일이 아닐 것이오."

이서 장군은 의미 있는 눈길로 두 사람을 바라보며 말을 이었습니다.

"쉽지 않은 일이기에 두 사람에게 이 일을 맡기기로 결정했오. 나라를 지키는 튼튼한 성을 쌓아 주리라 믿소."

이서 장군의 말이 끝나자 산마루에서 차가운 바람이 세차게 불어와 세 사람 사이를 휘돌아 나갔습니다.

이회는 차근차근 꼼꼼하게

남한산성을 반으로 나누어 동남쪽 성벽은 이회 장군이 맡고, 북서쪽 성벽은 벽암 대사가 맡았습니다.

해도 채 뜨지 않은 이른 새벽이었습니다. 이회 장군은 벌써 산에 오를 채비를 마쳤습니다.

"산성을 오르기에는 너무 이른 시간입니다."

부인 송씨가 조심스럽게 입을 열었습니다.

"책임을 맡은 자가 게으름을 피우면 따라오는 사람들도 게으름을 피우기 마련이오. 또한 성을 쌓는 일은 나라를 지키는 일이나 마찬가지요."

"어제도 늦도록 일하시느라 잠도 제대로 못 주무셨잖아요. 건강을 해치실까 걱정이 됩니다."

"임금님께서 나를 믿고 맡기신 일이오. 이 한 몸 바칠 각오로 하는 일이지."

누구보다 남편을 잘 아는 부인은 더 이상 말을 잇지 않았습니다. 그저 조용히 남편의 옷매무새를 가다듬어 주었습니다.

장군은 산성에 다다르자마자 신하들을 불러 모았습니다. 장군이 새벽 햇살을 받으며 우렁찬 목소리로 말했습니다.

"먼저 성벽 주변의 나무들부터 모두 베어라."

장군의 명령을 이상하게 여긴 신하 한 명이 나서서 물었습니다.

"장군님, 나무를 베어 내는 일은 시간이 많이 걸리는 큰일입니다. 그냥 성벽부터 쌓아 올려야 하지 않을까요?"

"나무는 자랄수록 뿌리가 깊어지고 멀리 퍼져 시간이 갈수록 성벽을 약하게 만든다. 그러니 나무를 베어 내고 땅을 다져야 아무리 세월이 흘러도 무너지지 않는 튼튼한 성벽이 될 것이다."

이회 장군은 강한 목소리로 신하들에게 일렀습니다. 일꾼들은 장군의 명령에 따라 나무를 베기 시작했습니다. 산비탈에서 아름드리나무를 베어 내는 일은 쉽지 않았습니다. 퍽퍽 도끼질 소리가 산성에 울려 퍼졌습니다. 쓰러진 나무를 톱으로 잘라 옮기기를 반복했습니다.

"영차, 영차."

사람들은 영차를 외치며 힘을 모아 일했습니다. 나무들을 모두 베어 내고 나서야 이회 장군은 땅을 파고 다지는 일을 시켰습니다. 일꾼 가운데 반은 한쪽에서 땅을 파고 다졌고, 나머지 반은 다른 한쪽에서 돌을 다듬고 깎는 일에 여념이 없었습니다.

벽암은 빨리빨리 하루빨리

북서쪽 성벽을 맡은 벽암 대사는 전국에서 스님들을 불러 모았습니다.

"전국 사찰에 소식은 보냈느냐? 일손이 부족하다."

벽암 대사는 작은 눈을 크게 빛내며 물었습니다.

"밤새도록 달려온 스님들이 지금 개원사*에 모여 있습니다."

작고 깡마른 스님이 대답했습니다.

"계속해서 스님들을 불러 모아라. 우리가 동남쪽 성보다 먼저 일을 끝내야 한다."

벽암 대사는 욕심이 많았습니다. 일을 먼저 끝내고 임금에게 칭찬을 받고 싶었습니다.

"땅을 다지는 일이 먼저이긴 하나, 돌을 쌓아 올리는 일도 중요하다. 돌을 깎고 다듬는 일에 온 힘을 기울여라."

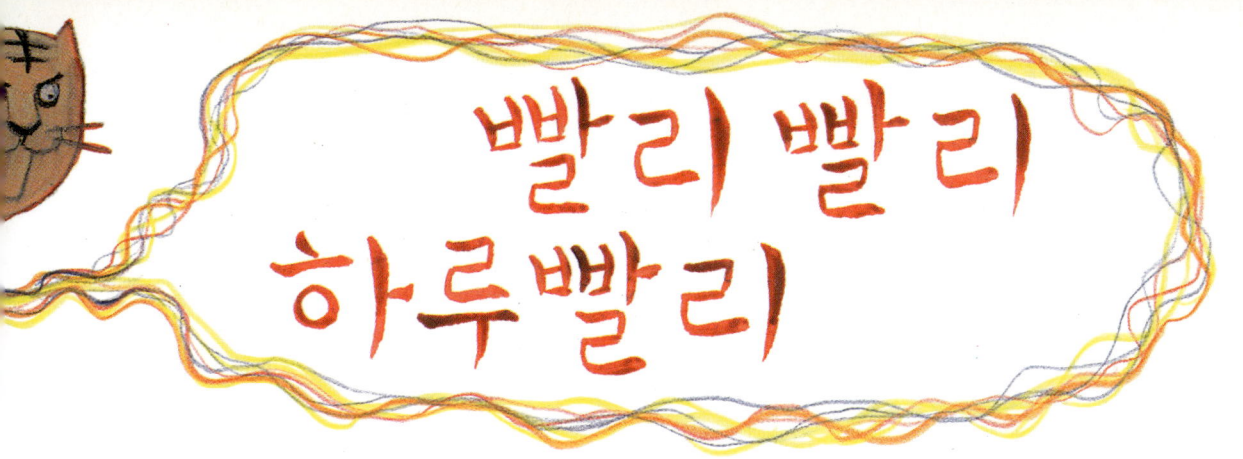

빨리 빨리 하루빨리

대사의 쩌렁쩌렁한 목소리에 스님들은 긴장했습니다. 서너 명의 스님은 옆에서 목탁을 치며 일하는 스님들을 응원했습니다.

"대사님, 이회 장군은 돌을 쌓지 않고 나무만 열심히 베어 낸다고 합니다."

깡마른 스님이 달려와 소식을 전했습니다.

"그래? 나무를 베어 낸다고?"

"그렇습니다. 성곽 주변의 오래된 나무들을 다 베어 내야 땅을 다진다고 합니다."

"그런 쓸데없는 일로 시간을 낭비하다니. 잘되었다! 우리가 하루라도 먼저 공사를 마쳐야 한다."

대사는 입가에 야릇한 미소를 지으며 말했습니다.

"네, 알겠습니다. 우리는 벌써 돌을 쌓아 올리고 있습니다."

북서쪽 성벽은 하루가 다르게 성곽 모양을 갖춰 갔습니다.

차근차근 꼼꼼하게

천년, 만년이 가도 끄떡없는 성 쌓기

이회 장군은 날마다 새벽이슬이 채 마르기도 전에 산성 맨 꼭대기의 수어장대*에 올랐습니다. 하루도 빠짐없이 일꾼들보다 먼저 나와서 공사장 주변을 살폈습니다.

"돌 하나라도 함부로 다루어서는 안 된다."

"돌과 돌을 잇는 이음새가 무엇보다 중요하다. 이음새가 뒤틀리면 성벽이 쉽게 허물어진다."

장군은 돌 다듬는 기술자들에게 낱낱이 자세하게 일렀습니다.

"네, 장군님."

돌을 누구보다 잘 아는 기술자들도 장군의 섬세함에 혀를 내둘렀습니다.

"옥수수 알 모양으로 깎고 다듬어라. 알겠느냐!"

"어떤 이유에서입니까?"

장군의 명령에 병사 한 명이 물었습니다.

"네가 옥수수를 한 번도 안 먹어 본 모양이구나?"

병사는 멋쩍게 웃으며 뒷머리를 긁적였습니다.

"옥수수 알들이 딱 맞물려 있는 매끈함을 잊지 마라. 그렇게 매끈한 성벽이어야만 적들이 기어오르지 못할 것이다. 알겠느냐?"

일꾼들은 탄성을 지르며 고개를 끄덕였습니다. 그리고 자신들보다 더 열심히 일하는 장군을 보며 그 어느 때보다 공들여 일했습니다. 그뿐만이 아니었습니다.

"이것이 무엇이냐? 이쪽과 저쪽의 총구 간격이 서로 다르지 않느냐! 허물고 다시 쌓아라."

조금이라도 잘못된 곳이 발견되면 그 자리에서 허물고 다시 쌓으라고 명령했습니다.

"장군님, 공사 기간이 자꾸 길어집니다. 이렇게 일을 하다가는 정해진 기간에 끝낼 수가 없습니다."

병사 한 명이 나서서 말렸습니다.

"장군님, 북서쪽 성벽은 하루가 다르게 올라가고 있다고 합니다. 어쩌려고 이러십니까."

"나는 맡은 일에 최선을 다할 뿐이다. 성 쌓기 시합을 하고 있는 것이 아니다!"

장군은 단호한 목소리로 말했습니다.

"잘못된 것을 지금 바로잡지 않으면 전쟁 때 적군에게 당하고 말 것이다. 이것을 당장 허물고 다시 맞추어 쌓아라."

장군은 뜻을 굽히지 않았습니다.

성벽 쌓는 일은 자꾸 더뎌지기만 했습니다. 공사 기간이 늘어날수록 나라에서 내려 준 공사비도 바닥이 났습니다.

그날 밤 이회 장군은 밤새도록 잠을 이루지 못한 채 뒤척였습니다.

"무슨 큰 걱정거리라도 있으세요?"

옆에서 함께 잠을 이루지 못하던 부인 송씨가 조심스레 물었습니다.

"아무것도 아니오."

장군은 쉽사리 입을 열지 못했습니다. 부인 송씨는 장군의 마음을 읽은 듯 말했습니다.

"제가 비록 여자의 몸이지만 나라를 위한 일이라면 저도 돕고 싶습니다."

부인의 진심을 읽은 이회 장군은 어렵게 말을 이었습니다.

"아무리 세월이 흘러도 흐트러짐 없는 튼튼한 성을 쌓고 싶소. 그런데 나라에서 준 공사비로는 감당이 안 되는구려."

"그랬군요. 그렇다면 제가 나서 보겠어요."

장군은 부인을 뚫어지게 바라봤습니다.

"나라를 구하는 일에 백성들이 한마음 한뜻으로 힘을 보태는 건 당연하지요. 제가 내일부터 전국을 돌면서 공사비를 모아 오겠습니다."

이회 장군은 부인을 말릴 수 없었습니다. 남편을 돕고자 하는 아름다운 마음과 나라를 위하는 충성심이 누구보다 깊다는 것을 잘 알기 때문이었습니다.

부인 송씨는 날이 밝자마자 짐을 꾸려 집을 나섰습니다. 부인의 마음에 힘을 얻은 장군도 더욱 열정을 다해 일했습니다.

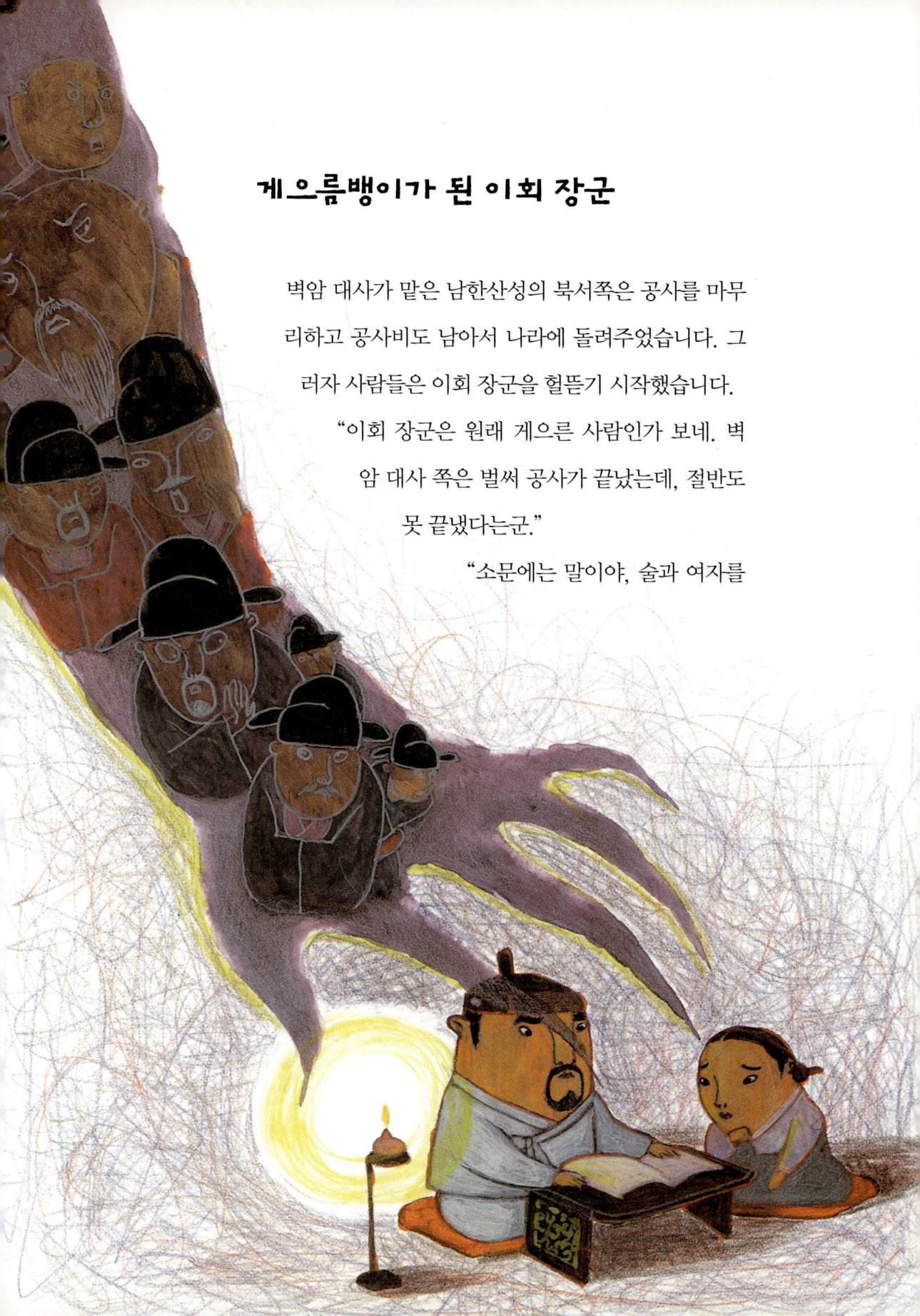

게으름뱅이가 된 이회 장군

벽암 대사가 맡은 남한산성의 북서쪽은 공사를 마무리하고 공사비도 남아서 나라에 돌려주었습니다. 그러자 사람들은 이회 장군을 헐뜯기 시작했습니다.

"이회 장군은 원래 게으른 사람인가 보네. 벽암 대사 쪽은 벌써 공사가 끝났는데, 절반도 못 끝냈다는군."

"소문에는 말이야, 술과 여자를

좋아해서 공사비를 흥청망청 써 버려서 그렇다는구먼."

사람들은 말에 말을 보탰습니다.

"장군이라는 자가 나랏일을 하는데 그래서야 되겠어. 공사비가 없어서 일꾼들 품삯까지 밀렸다지 뭔가. 아주 몹쓸 사람이구먼."

자세히 알지도 못하는 이들은 더욱 큰 소리로 떠들어 댔습니다. 흉보기 좋아하는 사람들까지 말을 보태기 시작하더니 발 없는 소문은 임금 귀에까지 들어갔습니다. 임금은 성 쌓는 일의 총책임자인 이서 장군을 불렀습니다.

"벽암 대사 쪽은 공사가 다 끝났는데, 동남쪽은 아직도 공사 중이니 어찌 된 일이오?"

임금은 다그치듯 물었습니다.

"이회라는 자가 공사에는 힘쓰지 않고 술과 여자에 빠져 공사비를 다 써 버렸다는 소문이 한양까지 퍼졌습니다."

영의정이 말했습니다.

"일꾼들 품삯도 한 달치나 밀려 백성들 원망으로 떠들썩하다고 합니다."

좌의정이 말했습니다.

이회 장군을 믿고 추천했던 이서 장군은 얼굴이 벌겋게 달아올랐습니다.

"벽암 대사는 모든 공사를 마치고 공사비까지 남겨 나라의 부담을 덜어 주었습니다. 이회에게 꼭 그 죄를 물어야 할 것입니다."

영의정은 더 큰 목소리로 말했습니다.

"이서 장군은 지금 당장 그 까닭을 밝히고 죄 지은 자에게 책임을 물어 벌하라."

임금은 성난 목소리로 명령했습니다.

이서 장군은 아무 변명도 할 수 없었습니다. 자신이 가장 믿고 의지하던 부하였기에 더 큰 배신감이 몰려왔습니다. 이서 장군은 한달음에 남한산성으로 달려갔습니다.

"당장 이회를 불러들여라."

이회 장군은 아무것도 모른 채 열심히 공사장을 돌며 일꾼들을 격려하고 있었습니다. 병사들은 이회 장군에게 달려가 죄인 다루듯 밧줄로 손을 묶고 이서 장군 앞으로 끌고 왔습니다.

"네 이놈, 너를 믿고 나라의 큰일을 맡겼는데, 어찌 믿음을 저버리고 공사에 태만했느냐?"

이서 장군의 목소리가 칼날처럼 산성 마루에 꽂혔습니다.

"저는 맡은 바 책임을 다했습니다. 공사 기간을 맞추지 못한 것은 큰 죄이나 성 쌓는 일에는 조금의 소홀함도 없었습니다, 장군."

병사들이 이회 장군을 땅바닥에 꿇어앉혔습니다.

"용서를 빌어도 시원치 않을 놈이 감히 변명을 늘어놓다니. 공사를 지연시키고 공사비로 술까지 마시고도 네가 무사할 줄 알았느냐!"

이서 장군은 화가 치밀어 올라 벌떡 일어나 고함을 빽 질렀습니다.

"공사비로 술을 마시다니요? 억울합니다, 장군."

이회 장군은 상상치 못한 이서 장군의 말에 말문이 막혔습니다.

"당장 네놈을 참수형에 처하라는 어명이시다."

참수형은 나라를 배신하거나 국가에 큰 피해를 입힌 죄인들에게 내리는 죽음의 형벌이었습니다.

하늘이 알아준 이회 장군의 뜻

소식을 들은 마을 사람들이 수어장대 앞마당으로 모여들었습니다.

"죽는 것은 두렵지 않으나 너무나 억울하고 원통합니다. 저의 결백은 하늘이 알고 땅이 알고 있습니다. 분명 하늘이 제 뜻을 알려 줄 것입니다."

이회 장군은 모든 것을 포기하고 담담하게 죽음을 받아들였습니다.

"저 죄인의 목을 쳐라."

칼날이 번뜩이더니 이회 장군의 목이 떨어져 나갔습니다. 그때였습니다. 이회 장군의 목에서 매 한 마리가 나오더니 푸드덕 날아올랐습니다. 사람들은 깜짝 놀랐습

니다. 매는 쓰러진 이회 장군의 몸을 몇 번이나 빙빙 돌더니 수어장대 지붕 위를 크게 돌아 날았습니다. 그리고 수어장대 담벼락 옆 커다란 바위 위에 내려앉아 슬프게 울기 시작했습니다.

"쒸이익, 쎄이익."

사람들은 신기하고 놀라워 매가 앉은 바위로 다가갔습니다. 사람들이 손을 뻗어 매를 잡으려 하자 매는 어디론가 사라졌습니다. 그리고 매가 앉았던 자리에 매 발자국이 또렷하게 남았습니다.

"괴이한 일일세. 어찌 죽은 사람 몸에서 새가 나온단 말인가? 그것도 매가 말이야!"

누군가 입을 열었습니다.

"그냥 매가 아닌 게지. 딱딱한 바위에 저리 선명하게 발자국을 남기는 매가 세상에 어디 있나?"

"하늘이 이회 장군의 결백을 보이려고 보낸 매가 아니겠는가?"

사람들은 저마다 한마디씩 했습니다.

"이회 장군은 억울하게 죽은 게 틀림없어. 세상에 이 일을 어쩌면 좋나!"

그 시각 이회 장군의 부인 송씨는 송파나루에 다다랐습니다. 전국 방방곡곡을 돌며 쌀과 돈을 모아 돌아오는 길이었습니다. 송파나루에 배를 대고 짐을 내린 부인 송씨는 남편이 있는 남한산성 쪽을 바라봤습니다. 북쪽 하늘에서 먹구름이 떼 지어 산성을 에워싸는 것이 보였습니다.

"소나기라도 퍼부으려나……."

"마님! 장군님께서, 장군님께서……."

마당쇠가 숨이 턱에 차도록 달려와서는 말을 잇지 못했습니다.

"어서 말하지 않고 뭐하느냐?"

불안한 마음에 송씨 부인이 다그쳐 물었습니다. 마당쇠는 엎드려 울면서 이회 장군의 죽음을 알렸습니다.

"장군님께서 무고한 누명을 쓰고 지금 산성에서 참수형을 당하셨습니다."

송씨 부인은 놀라 기절하고 말았습니다.

정신을 차린 부인은 한참을 울부짖었습니다. 목 놓아 울던 부인이 뭔가를 결심한 듯 자신이 모아 온 쌀가마니를 모두 강물에 던져 버렸습니다. 그러고는 시퍼런 강물에 몸을 던졌습니다.

부인 송씨마저 그렇게 죽어 버리자 소식은 빠르게 궁궐에까지 닿았고, 이서 장군은 다시 조사를 시작했습니다. 한양에서 이름난 기술자들을 불러 모아 산성 공사 현장 전체를 차근차근 꼼꼼하게 살폈습니다.

"동남쪽은 성의 안과 밖이 모두 튼튼하고 빈틈이 하나도 없습니다. 북서쪽에 비해 땅도 더 깊이 다져졌습니다. 또한 가파른 산세를 이용하여 더 높이 성벽을 올려 적들이 감히 올라올 수 없게 만들었습니다."

조사를 마친 기술자들은 입을 모아 이회 장군을 칭찬했습니다.

"이 정도로 견고하게 공사를 하려면 많은 시간과 공사비가 필요했을 것입니다."

이서 장군은 이 사실을 임금에게 알렸습니다. 임금은 물론 나랏일을 맡아 하는 많은 대신들이 이회 장군의 죽음을 안타까워했습니다. 제대로 조사도 하지 않은 채 청렴하고 결백한 인재를 죽였으니 안타까운 노릇이었습니다. 임금은 그의 원혼이라도 달래 주라는 명령을 내렸습니다.

이서 장군은 남한산성 안에 청량당이라는 집을 지어 이회 장군과 부인 송씨의 위패를 모시고 해마다 제사를 올려 그들의 뜻을 기리고 위로했습니다. 또 사람들은 수어장대 앞마당에 매가 앉았던 바위를 '매바위'라고 이름 짓고, 바위를 볼 때마다 이회 장군의 결백함을 기억했습니다. 매바위에 오랫동안 남아 있던 매 발자국은

일제 강점기에 일본인 관리가 발견하고 신기하게 여겨 잘라 갔다고 합니다. 지금은 매 발자국을 떼어 낸 네모난 자국만 바위에 남아 있습니다. 그래도 진실을 알려 주는 이야기는 남아서 우리 곁에 전해지고 있습니다.

 알·고·갑·시·다·!

· **개원사** : 조선 인조 임금 때 지어진 절이다. 성을 쌓고 지키는 일을 하러 모인 스님들을 총지휘하기 위해 지었다.
· **수어장대** : 남한산성에 있는 군대를 지휘하기 위해 지은 누각을 이르는 말.

효성과 은혜에 얽힌 산성 이야기

남한산성은 백제를 세운 온조 대왕 때 만들어졌다는 이야기가 있을 만큼 오래된 산성이에요. 그런 만큼 산성 안에는 500년 넘게 사람들과 함께 살아온 바위와 나무들, 온 마을 사람들이 함께 사용하면서 마을의 쉼터 역할을 하던 우물이 많아요. 또 오랜 세월을 보여 주기라도 하듯 우물에 얽힌 이야기나 정조 임금이 벼슬을 내린 소나무, 황진이 이야기가 살아 있는 소나무 송암정, 행궁 앞 못난이 느티나무 이야기 등 수많은 이야기들이 전해진답니다.

효자 우물 이야기

옛날에 남한산성 북문 쪽에 정남이라는 소년이 살았어요. 아버지랑 단둘이 하루 벌어서 하루를 근근이 살아갔어요.

어느 날 아버지가 알 수 없는 병에 걸려 꼼짝 못 하고 누워 있었어요. 정남은 너무 어려서 일을 할 수 없었기 때문에 할 수 있는 일이라고는 집집마다 다니며 구걸하는 일뿐이었어요. 매서운 칼바람이 옷깃을 파고드는 날에도 정남은 아버지에게 드릴 끼니를 구하러 동냥을 다녔어요.

유난히 추운 어느 겨울날, 한 남자가 찾아왔어요. 남자는 아픈 사람을 볼 줄 안다며 아버지의 맥을 짚어 보았어요.

"네 아버지는 큰 잉어를 잡아다 푹 고아 드리면 거뜬히 일어나실 거다."

그 말을 남기고 남자는 사라졌어요.

정남은 아버지 병이 나을 수 있다는 말에 뛸 듯이 기뻤어요. 그리고 그날부터 잉어를 구하러 다녔어요. 몇 날 며칠을 헤매고 다녀도 꽁꽁 얼어붙은 계곡에는 물고기가 한 마리도 없었어요.

그날도 산성 아래 강으로 잉어를 잡으러 다녀오는 길이었어요. 잉어를 구하지 못해 발걸음이 돌덩이를 매단 듯 무겁고, 마음은 자꾸 슬퍼졌어요. 정남은 잠시 쉴 곳을 찾아 두리번거리다가 우물 하나를 발견했어요. 우물 옆에 힘없이 주저앉아 하염없이 흐르는 눈물을 훔치며 간절히 기도했지요.

"하느님, 제발 우리 아버지를 살려 주세요. 잉어 한 마리만 주세요."

한참을 기도하고 있는데 이상한 소리가 들려왔어요.

"철퍼덕, 철퍼덕!"

정남은 깜짝 놀라 우물을 들여다봤어요. 우물 속에는 황금빛 비늘을 가진 잉어 한 마리가 헤엄치고 있었어요. 정남은 얼른 잉어를 두 손으로 꽉 움켜쥐었어요. 잉어가 어찌나 크고 무거운지 잡기가 쉽지 않았어요. 그러나 아버지를 생각하며 정남은 있는 힘을 다해 잉어를 건져 올렸어요.

정남은 기뻐서 쉴 새 없이 쿵쾅거리는 가슴에 잉어를 꼭 끌어안고 한달음에 집으로 달려갔어요. 그리고 서둘러 커다란 솥에 잉어를 넣고 정성스레 삶았지요.

"아버지, 어서 드시고 기운 차리세요."

푹 고은 잉어를 맛있게 드신 아버지는 언제 아팠냐는 듯이 기운을 차렸어요.

마을 사람들은 모두 입을 모아 정남을 칭찬했어요. 정남의 효성이 하늘을 감동시킨 것이라고 말이에요. 그날 이후부터 마을 사람들은 그 우물을 효자 우물이라고 불렀답니다.

말하는 느티나무 이야기

행궁 앞에 못난이라고 손가락질 받는 느티나무 한 그루가 있었어요. 누구나 쉽게 찾을 수 있는 곳이었지만 아무도 그 느티나무 밑에서는 쉬어 가지 않았어요.

닷새마다 열리는 장날이었어요. 그날 밤 한 젊은이가 금방이라도 쓰러질 듯 걸어오더니 느티나무 아래에 풀썩 주저앉아 잠이 들었어요.

다음 날 아침, 푹 자고 일어난 젊은이가 막 떠나려고 하는데 어디선가 말소리가 들렸어요.

"넌 날 찾아 준 첫 번째 사람이야. 동네 사람들은 나를 '못난이 느티나무'라고 놀려. 비쩍 마른 나무기둥에 가지도 삐죽삐죽한 데다 이파리도 듬성듬성해서 그늘도 제대로 만들어 주지 못한다고 말이야. 내 친구가 되어 주지 않을래?"

젊은이는 깜짝 놀라 두리번거렸어요. 주위에는 느티나무 말고는 아무도 없었어요. 나무가 말을 하다니 믿을 수가 없었어요. 그 나무는 말하는 느티나무였어요. 사람들이 찾아오지 않아 아무도 몰랐을 뿐이었어요.

"많이 지치고 힘들어 보이네. 이 동네 사니?"

느티나무는 계속 말을 걸어왔어요.

"아니, 난 이 마을 사람이 아니야."

젊은이는 얼떨결에 대답을 했어요.

"딱히 갈 곳도 없어 보이는데, 여기서 나랑 같이 살래?"

느티나무는 모든 것을 잘 아는 것처럼 말했어요.

"그래. 과거 시험에도 낙방하고, 친구도 날 배신했어. 이젠 집에 돌아갈 돈도 없어서 떠돌아다니는 신세야. 갈 곳도, 잘 곳도 없지."

젊은이는 자기도 모르게 느티나무와 이야기했어요. 딱히 갈 곳도 없는 젊은이는 느티나무 아래에서 살기로 결심했어요.

하루 이틀 지내다 보니 신기하게도 느티나무 아래에서 먹는 것, 자는 것, 공부하는 것이 모두 좋았어요. 못난이 느티나무는 길게 가지를 늘어뜨려 젊은이를 감싸 안아 보살펴 주기까지 했어요. 둘 사이에는 두터운 정이 새록새록 쌓여 갔어요.

그해 여름, 비는 오지 않고 찜통 같은 무더위가 몇 날 며칠 계속되었어요. 논바닥은 거북 등껍질처럼 쩍쩍 갈라지고, 계곡물도 바짝 말랐어요. 사람들의 마음도 타들어 갔지요. 백성들의 고통이 깊어 갈수록 임금도 걱정이 이만 저만이 아니었어요. 몇 번을 거듭해서 비를 내려 달라고 기우제를 지냈지만 비는커녕 날은 점점 더 뜨거워졌어요. 임금은 밥도 먹지 않고 잠도 제대로 자지 않으며 걱정을 했어요. 그 소식을 들은 젊은이는 임금을 찾아가 간절하게 말했어요.

"임금님, 간청드립니다. 못난이 느티나무 아래에서 기우제를 지내 보십시오."

젊은이는 느티나무를 믿었어요.

임금은 비만 온다면 무엇이든 하고 싶었어요. 그래서 젊은이의 말을 믿어

보기로 했지요. 임금은 못난이 느티나무 아래에서 모든 마을 사람들과 함께 기우제를 지냈어요. 그 어느 때보다 정성을 들이고 마음을 쏟았어요. 기우제가 끝나 갈 때쯤이었어요. 갑자기 먹구름이 느티나무 꼭대기로 모여들었어요. 그러더니 후드득후드득 소리와 함께 빗방울이 떨어지기 시작했어요. 빗줄기는 점점 굵어지고 이내 장대비가 쏟아졌어요. 마을 사람들은 너나없이 덩실덩실 춤을 추며 기뻐했지요. 그날 이후로 마을 사람들은 힘든 일이 생기면 못난이 느티나무를 찾았어요.

　못난이 느티나무는 몇백 년 동안 그 자리를 지키며 마을을 지켜 주었답니다.

산성 도감

남한산성은 경기도 광주시, 성남시, 하남시에 걸쳐 있어요. 한반도의 중앙에 위치한 남한산성과 한강을 차지하는 것이 삼국 시대에는 권력의 중심을 잡는다는 뜻이었어요. 삼국 통일 이후에는 신라 땅을 넘보는 당나라와 맞서는 전진기지(군사 작전을 지원하기 위한 곳.)였답니다. 고려 시대에는 몽고의 침입을 물리친 곳이기도 하지요.

가장 큰 역사적 사건은 병자호란이에요. 조선 인조 때 청나라 10만 대군이 물밀듯이 쳐들어와 닷새 만에 한양이 함락되었어요. 물론 청나라에 항복하는 아픔을 지닌 곳이라고 생각할 수도 있지만, 남한산성이 있었기에 45일 동안이나 강력한 청나라 군대에 대항하여 싸울 수 있었어요. 일제 강점기에는 항일 운동의 근거지가 되기도 했어요.

남한산성 성곽

ⓒ 경기문화재단남한산성문화관광사업단

오랜 역사의 소용돌이를 겪은 남한산성이기에 많은 이야기들이 곳곳에 살아 있어요. 그래서 누구나 남한산성을 오르면 역사의 한 장면과 만나게 된답니다.

남한산성 성곽은 우리나라 축성 기술의 특징들을 잘 담고 있어요. 산성의 특징인 성문, 암문, 성가퀴, 포루 등이 잘 만들어져 자리하고 있지요. 남한산성에는 모두 4개의 성문이 있어요. 성문을 많이 만들면 방어와 수비에 어려움이 있기에 대개 산성에는 동서남북으로 4개의 성문을 냈어요. 또 암문을 만들었어요. '암문'은 비밀 통로 역할을 했어요. 적들이 알기 어려운 곳에 만들어 놓고 적들에게 포위당했을 때 몰래 빠져나가서 전쟁에 필요한 식량도 구해 오고, 적들을 기습 공격할 수 있는 문이랍니다. '성가퀴'는 적의 화살이나 총알로부터 몸을 보호하면서 싸울 수 있도록 만든 곳이에요. 임진왜란과 병자호란을 겪으면서 칼과 창, 활로 치르던 전쟁이 소총과 화포로 무기가 바뀌었어요. 그래서 화포를 설치할 수 있는 '포루'를 산성 곳곳에 만들었지요.

남문

북문

암문

남옹성 포루

ⓒ 경기문화재단남한산성문화관광사업단

연무관_ 평상시 산성을 지키는 군사들이 무술을 훈련하던 곳이에요.

ⓒ경기문화재단남한산성문화관광사업단

청량당 내부_ 이회 장군과 부인 송씨를 모신 청량당 내부예요.

매바위_ 남한산성을 쌓다가 억울한 누명을 쓰고 죽은 이회 장군의 이야기가 깃든 곳이에요. 이회의 억울한 누명을 벗겨 준 매 발자국은 일제 강점기에 일본 관료가 신기하게 여겨 떼어 갔다고 해요. 수어장대에 자리한 지금의 매바위에는 안타깝게도 발자국을 떼어 낸 네모난 자리만 남아 있네요.

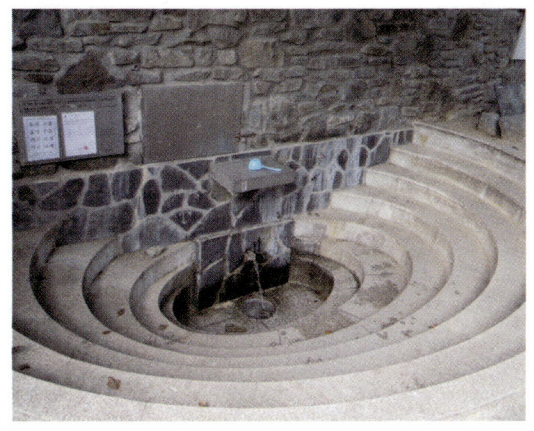

효자 우물 _ 남한산성에는 80개의 우물이 있었다고 할 정도로 물이 많은 곳이에요. 우물은 마을이 공동으로 사용하기에 더욱 중요한 곳이지요. 사람들의 소식도 전하고 쉬어 가는 쉼터 같은 장소랍니다. 남한산성에는 효자 우물 말고도 두 개의 우물이 나란히 있었다는 형제 우물, 궁녀의 이야기가 전해 내려오는 대궐할매 우물, 아버지 병을 낫게 했다는 국청사지 우물이 유명해요.

못난이 느티나무와 행궁 전경 _ 행궁을 따라 걷다 보면 백 년을 넘게 살아온 느티나무들이 있어요. 그중에서 못난이 느티나무 이야기는 사람과 자연이 함께 살아가는 이야기를 담고 있지요. 임금이 행차하는 길목에 보기 흉하게 자리 잡고 있어 도끼로 찍어 내려 했던 나무예요. 말 못 하는 나무 한 그루라도 귀하게 여긴 인조 임금과 젊은이에게 은혜를 갚은 느티나무는 아직도 행궁 옆에 서서 그때의 이야기를 전해 주지요.

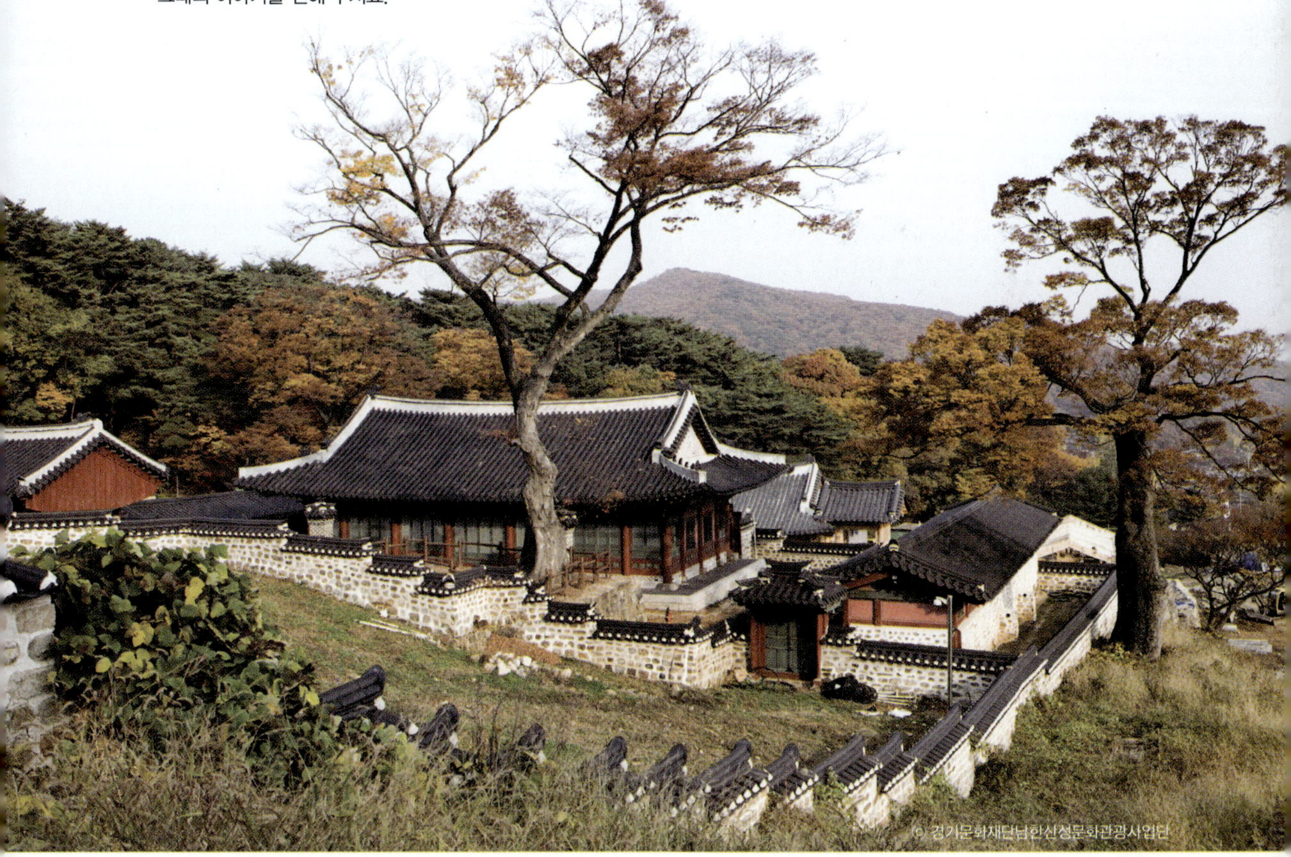
ⓒ 경기문화재단남한산성문화관광사업단

05

잃어버린 미륵국

▲▲ 운악산성 이야기

산성은 적의 공격을 막기 위해 대부분 가파른 산에 쌓았어요. 이렇듯 쉽게 올라갈 수 없는 험준한 곳에 만들었기 때문에 비범한 자가 쌓았다는 전설이 많답니다. 그러나 실제로 산성을 쌓은 이는 평범한 백성들이었지요.

백성들은 농한기(벼를 추수한 뒤부터 다음 모내기가 시작되기 전까지의 기간.)에 부역의 의무가 있었어요. 부역은 16세부터 60세의 남자들이 지게 되는 국가에 대한 의무인데, 삼국 시대부터 조선 후기까지 계속되었어요. 부역에서 하는 일은 건물을 짓거나 세금을 내는 일이었지요. 그중 산성 쌓는 일은 가장 힘든 부역 중 하나였어요.

　겨울철 동상과 부상이 잦았고, 돌림병이 돌기도 했답니다. 열악한 환경 속에서 공사가 강행되니 부실 공사가 생겨났어요. 그래서 조선 시대부터 성벽에다 공사 담당자와 담당 고을의 이름을 새겨 넣게 했어요. 부실 공사를 막기 위해서지요. 이 전통은 조선 숙종 때까지 이어졌어요. 이처럼 산성은 백성의 피와 땀으로 쌓은 소중한 유산이랍니다.

　경기도 용인의 보가산성과 포천의 운악산성은 신라 말기에 쌓았어요. 두 산성에는 후고구려를 세운 궁예(857?~918)에 대한 이야기가 전해지지요. 우리는 궁예가 백성을 돌보지 않아 왕건에게 쫓겨났다고 알고 있어요. 그러나 옛이야기 속의 궁예는 인자한 왕이랍니다. 궁예는 백성이 주인이 되는 나라를 만들려 했으나 왕건의 반대에 꿈을 이루지 못했어요. 궁궐에서 쫓겨나고도 자신의 뜻을 접지 않았지요. 궁예는 여러 산성을 거치며 왕건과 싸웠어요. 특히 운악산성은 궁예가 일 년 동안 머물면서 싸운 마지막 싸움터랍니다.

백성이 주인인 나라

궁예가 후백제의 도읍지를 철성군*으로 옮기기로 마음먹었습니다. 궁예는 백성이 주인이 되는 나라를 만들고 싶었습니다. 그 나라의 이름은 미륵국. 미륵은 미래에 부처님이 된다는 뜻입니다. 궁예는 모든 백성들이 부처가 되는 행복한 나라를 꿈꾸었습니다. 그러나 궁예의 바람은 도선*의 반대에 부딪혔습니다.

"철성군에는 고암산*이 있지요. 폐하께서 철성군을 도읍으로 정한다면 고암산의 기운을 받아 나라의 운이 삼십 년은 갈 것입니다. 그러나 금학산*에는 삼백 년 동안 나라를 다스릴 수 있는 기운이 있습니다. 그러니 금학산 근처로 도읍을 정하십시오."

궁예는 고민에 빠졌습니다. 이름난 승려인 도선의 예언이 마음에 걸렸습니다. 그러나 자신의 꿈을 펼치기 위해서는 반드시 도읍을 철성군으로 정해야 했습니다. 그곳에는 궁예의 뜻을 받들어 주는 사람들이 많았기 때문입니다. 결국 궁예는 도선의 말을 따르지 않았습니다.

궁예가 도읍지를 옮긴 뒤에 이상한 일이 생겼습니다. 금학산의 나무들이 시들시들하며 잎이 나지 않더니, 푸르던 금학산이 어느덧 벌거벗은 산으로 변했습니다. 게다가 금학산에서 나는 산나물에서 쓴맛이 나 아무도 먹지 못하게 되었습니다. 궁예는 금학산의 소식을 듣고 마음이 아팠습니다. 그리하여 믿음직한 신하 은부와 종간을 데리고 금학산으로 향했습니다.

"과연 도선이 이곳을 권한 이유가 있었구나."

금학산은 고암산 못지않게 훌륭한 산이었습니다. 산 아래에는 기름진 땅이 넓게 펼쳐져 있어서 도읍을 정하는 데 무리가 없어 보였습니다. 궁예는 금학산의 슬픔을 달래 주기로 했습니다.

"이곳에 절을 세우고 미륵보살 상을 만들어라."

절을 세우고 미륵상을 만들자, 신기하게도 금학산은 차츰 원래의 모습을 되찾았습니다. 금학산의 아름다운 모습을 본 궁예는 다시 궁으로 향했습니다.

궁으로 돌아가는 길에 종간이 궁예에게 말했습니다.

"지금 왕건*의 움직임이 심상치 않습니다. 폐하께서 무리하게 도읍을 옮긴 데 반발을 하는 건 아닌지 걱정스럽습니다. 왕건은 이미 신하들의 수장 노릇을 하고 있지 않습니까."

종간의 말에 궁예는 싸리나무를 꺾었습니다. 그리고 한 손으로 싸리나무 가지를 움켜쥔 뒤 크게 한 번 휘둘렀습니다. 그러자 놀라운 일이 일어났습니다. 궁예가 싸리나무 가지를 휘두른 자리로 흙이 날아오고 돌이 날아와 척척 쌓이더니 금세 커다란 산성이 되었습니다. 보가산성이 눈 깜짝할 사이에 만들어진 것입니다. 은부와 종간은 자신들의 눈을 믿을 수 없었습니다. 궁예는 어리둥절해하는 은부와 종간을 향해 온화한 미소를 지으며 말했습니다.

"미륵국을 이룰 날이 얼마 남지 않았다."

운악산으로 물러서다

왕건은 마음이 편하지 않았습니다. 궁예가 도읍을 옮겨 세력을 키우게 되면 상대적으로 왕건의 힘은 약해지기 때문이었습니다. 결국 왕건은 궁예를 먼저 공격하기로 했습니다.

왕건은 우선 금학산으로 향했습니다. 궁예가 금학산의 슬픔을 달래기 위해 지은 절과 미륵상을 부수어 도선의 예언이 이루어지게 하기 위해서였습니다. 왕건은 절과 미륵상을 부수고 병사들과 함께 궁예가 있는 철성군의 궁궐로 쳐들어갔습니다. 궁예는 갑작스러운 왕건의 공격에 은부, 종간과 함께 보가산성으로 피했습니다. 그러나 왕건의 병사들은 궁예의 움직임을 놓치지 않았습니다.

보가산성에서 패한 궁예는 곧바로 명성산성으로 피했습니다. 궁예는 끝까지 싸웠지만 만반의 준비를 한 왕건을 이기지는 못했습니다. 결국 궁예는 왕건의 포로가 되었습니다.

포로가 된 궁예는 왕건의 병사에게 둘러싸여 강으로 향했습니다. 그때 은부와 종간이 꾀를 냈습니다. 종간이 병사들에게 말을 걸어 한눈을 팔게 하자, 은부가 재빨리 칼을 빼앗아 병사들을 향해 겨누었습니다.

"폐하, 어서 가십시오!"

은부가 왕건의 병사들을 막고 있는 사이, 궁예는 종간과 함께 도망쳤습니다. 궁예는 종간이 이끄는 대로 산속을 달려 왕건의 병사들에게서 도망쳤습니다.

"폐하, 이제 병사들이 쫓아오지 않습니다."

궁예는 걸음을 멈추고 나무를 붙잡은 채 가쁜 숨을 몰아쉬었습니다. 종간은 뒤돌아서서 혹시나 병사들이 쫓아오는지 살폈습니다. 병사는커녕 개미 한 마리도 보이지 않았습니다. 그제야 종간도 한시름 덜고 궁예를 살폈습니다. 궁예의 팔은 상처투성이였습니다.

"폐하, 여기서 상처를 씻고 가시지요."

궁예는 종간의 말대로 옷을 벗고 계곡에 들어갔습니다. 그리고 말없이 계곡물에 몸을 씻었습니다.

"은부는 아직인가?"

"무술이 뛰어난 자니, 꼭 뒤따라올 것입니다."

궁예는 두 눈을 감고 깊은숨을 내쉬었습니다.

"그를, 그렇게 두고 오면 안 되는 거였다. 상황이 아무리 그래도 뜻을 함께 품었는데……."

"아닙니다, 폐하. 은부도 폐하가 무사하기만을 바랄 것입니다."

땅거미가 내리고 곧 산속이 어두워졌습니다. 궁예는 계곡에서 나와 옷을 다시 입고 잠시 생각에 빠졌습니다.

"운악산으로 가자. 그곳은 산세가 험하니 미리 산성을 쌓고 철저하게 준비를 한다면 왕건을 이길 수 있을 것이다."

종간은 앞장서서 걸으며 길을 텄습니다.

두 사람은 그렇게 운악산을 향해 걸음을 재촉했습니다.

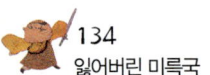

백성의 뜻을 모아

"폐하께서 어쩌다 이렇게 되셨습니까?"

"저희들, 미천한 힘이나마 폐하께 도움이 되고 싶습니다."

궁예가 마을을 지날 때마다 백성들은 궁예를 보며 눈물을 흘렸습니다. 그리고 궁예의 병사가 되기를 바라는 자들이 궁예의 뒤를 따랐습니다. 그들은 쌀과 농기구를 들고 궁예와 함께 운악산으로 향했습니다. 운악산에 도착했을 때는 궁예를 뒤따라온 백성들이 수백 명에 이르렀습니다.

"나를 잊지 않고 기억해 주었구나."

"저희들이 어찌 폐하를 잊겠습니까."

궁예는 백성들의 빛나는 눈빛을 보며 미소를 지었습니다.

"이곳에 산성을 쌓을 것이니 돌을 구해 와라. 내 키의 두 배보다 높이 쌓아야 한다."

궁예의 명령에 백성들은 흩어져서 산성을 쌓을 만한 돌을 찾아 가지고 왔습니다. 그리고 궁예가 알려 주는 대로 돌을 쌓고 돌 사이사이를 흙으로 메우며 다졌습니다. 돌보다 흙이 더 많은 산성이었지만 단단하게 쌓았습니다.

궁예는 백성들에게 군사 훈련을 시키라고 종간에게 명령했습니다. 백성들은 어느새 믿음직한 군사로 변해 갔습니다.

어느 날, 꿈같은 일이 벌어졌습니다. 다시는 볼 수 없을 줄 알았던 은부가 운악산성에 온 것입니다. 궁예와 종간은 기쁜 낯으로 은부를 반겼습니다.

"폐하가 이곳에 있을 것이라 생각했습니다. 저와 함께

온 자들입니다."

은부는 함께 온 병사들을 소개했습니다. 한눈에 봐도 무술이 뛰어나 보였습니다. 그러나 종간은 날카로운 눈빛으로 병사들을 살폈습니다.

"자네가 폐하께 힘이 되기 위해 이들을 데려온 것은 알겠지만, 돌려보내는 것이 좋을 듯하네."

은부는 생각지 못한 종간의 반응에 놀랐습니다.

"왜 그러는가. 이들은 폐하와 뜻을 함께하겠다는 자들이네."

"내 말은, 조금 더 신중하자는 말일세. 이들이 왕건의 병사일지도 모르지 않나."

은부는 종간이 못마땅했습니다. 이곳까지 힘들게 왔는데 다짜고짜 의심부터 하니 섭섭했습니다. 궁예는 두 사람의 말다툼이 끝나길 기다렸습니다.

"종간의 말도, 은부의 말도 옳다. 그러나 지금은 병사 한 명이 아쉬울 때니 은부가 책임지고 이끌어라."

"하오나, 폐하."

종간은 궁예를 설득하려 했지만, 은부가 먼저 종간의 어깨를 다독이며 말했습니다.

"걱정 말게. 그럴 리 없지만, 행여나 그들 가운데 첩자가 있더라도 내가 잘 이끌 테니까."

은부의 말에도 종간은 걱정스러운 기색을 감출 수 없었습니다.

은부의 실수

깊은 밤, 궁예는 아무도 모르게 은부와 종간을 불렀습니다.

"이 산성은 험한 산중에 지은 것이어서 눈에 잘 띄지도 않고 올라오는 적을 공격하기에도 좋다. 그러나 한 가지 문제점이 있다."

종간은 주위를 살피며 지켜보는 이가 없는지 확인했습니다.

"만약 왕건이 산 정상에서 아래로 공격해 온다면 당해 낼 수가 없다. 그러니 은부는 날쌘 병사들을 데리고 산 아래에 머물면서 왕건이 산성이 어디 있는지 알지 못하게 하라."

종간은 궁예가 나간 뒤에 따로 은부를 불렀습니다.

"훈련을 받고 있는 백성들 중에도 날쌘 자들이 많으니 그들과 함께 가게."

종간의 말에 은부는 콧방귀를 뀌었습니다.

"백성이 아무리 날쌔다 해도 전문적인 훈련을 받은 병사들과 비교가 되겠는가. 폐하가 내게 맡긴 일이니 자네는 백성들 훈련에나 신경 쓰게."

은부는 자신이 데려온 병사들 중에서 날쌘 자들을 뽑아 함께 산성을 나섰습니다. 종간은 불안한 마음을 떨쳐 버릴 수 없었습니다.

궁예는 전전긍긍하고 있는 종간을 다독여 주었습니다.

"나는 은부가 데려온 병사들은 믿지 않지만, 은부는 믿는다. 모진 싸움에서도 살아 돌아온 은부가 아니더냐."

종간은 아무런 대답 없이 그저 고개만 숙였습니다. 궁예는 멀리서 은부의 뒷모습을 바라봤습니다. 은부는 빠른 걸음으로 산을 내려갔습니다.

은부는 병사들과 함께 바위 뒤에 숨어 산길을 지켜봤습니다. 처음에는 산나물을 따는 아낙네들만 보이더니, 점점 궁예를 찾는 왕건의 병사들이 눈에 띄었습니다. 은부는 운악산성을 찾는 듯한 병사들을 모두 죽였습니다.

'이렇게 하면 산성이 어디 있는지 알아차리지 못하겠지?'

은부는 자신만만했습니다. 은부의 무술 실력은 누구와 싸우더라도 백전백승일 만큼 뛰어났습니다. 병사들도 은부의 명령을 잘 따랐습니다. 종간의 걱정대로 그들이 왕건의 첩자라면 운악산성을 찾는 병사들을 공격할 리는 없었습니다. 은부는 병사들이 든든했습니다.

"지금은 인적이 뜸하니 밥을 먹도록 하자."

은부의 말에 병사들이 쌀을 씻으러 계곡으로 향했습니다. 그러나 한참이 지나도록 병사들이 돌아오지 않았습니다. 걱정이 된 은부는 병사들이 있는 계곡으로 올라갔습니다. 병사들은 쌀뜨물을 계곡에 흘려보내고 있었습니다. 뿌연 쌀뜨물이 산 아래로 흘러갔습니다. 은부는 계곡을 거슬러 올려다봤습니다. 계곡이 시작되는 곳에 운악산성이 있었습니다. 쌀뜨물을 흘려보낸 계곡을 거슬러 오면 운악산성을 쉽게 찾을 것 같았습니다. 은부는 칼을 뽑아 병사들을 향해 겨누었습니다.

"지금, 뭐하는 짓이냐?"

은부의 공격에 병사들은 아무렇지 않다는 표정으로 쌀을 바가지에 담았습니다.

"왜 그러십니까? 그냥 쌀을 씻는 것뿐인데요."

은부는 계곡을 봤습니다. 쌀뜨물은 아래로 내려갈수록 점점 흐려졌지만, 쌀뜨물이 흐르던 곳으로 작은 송사리 떼가 모여들었습니다. 병사들이 운악산성의 위치를 누군가에게 알리는 것이 분명했습니다.

"지금껏 계속 쌀뜨물을 계곡에 흘려보냈느냐? 설마……."

은부는 그제야 종간의 말이 떠올라 머릿속이 하얘졌습니다. 칼을 쥐고 있는 손이 조금씩 떨렸습니다. 은부는 떨리는 손을 감추기 위해 칼을 더 세게 쥐었습니다. 그때 쌀을 씻던 병사가 날카로운 눈빛으로 은부를 보며 말했습니다.

"이제 궁예의 세상은 끝났습니다. 그러니 그만하시고 우리와 뜻을 함께하시죠."

은부는 아무런 대답 없이 병사들을 향해 칼날을 겨눈 채 노려봤습니다. 그러자 병사들도 바가지를 내던지고 칼을 쥐었습니다. 은부는 병사들을 향해 달려가며 칼을 휘둘렀습니다. 몇몇은 칼에 맞아 쓰러졌습니다. 은부의 칼에 맞지 않은 병사들은 서로 눈빛을 나누며 공격했습니다. 그러나 은부도 당당하게 맞섰습니다. 결국 은

부는 모두를 물리쳤습니다. 그러나 몸도 마음도 상처투성이가 되었습니다.

"산성!"

은부는 아픈 몸을 부여잡고 운악산성으로 뛰었습니다. 걸음을 내디딜 때마다 신음 소리가 저절로 나왔지만, 쉬지 않고 달렸습니다. 운악산성에 도착하자 은부의 옷은 온통 피로 붉게 물들었습니다.

"폐하, 죄송합니다……."

은부는 칼을 내려놓고 궁예의 발 앞에 무릎을 꿇었습니다.

"어떻게 된 일인가? 몸은 괜찮은가?"

궁예의 뒤에서 은부의 모습을 보고 놀란 종간이 물었습니다. 종간은 은부의 상처를 살피며 걱정스러운 표정을 지었습니다. 그러자 은부는 고개를 더 깊이 숙였습니다.

"종간의 말대로, 그들은 왕건의 첩자였습니다. 왕건이 이곳의 위치를 알았을 것입니다. 폐하, 죽여 주십시오."

궁예는 한숨을 내쉬며 산성을 바라봤습니다. 제법 병사다워진 백성들이 무기를 들고 산성을 지키고 있었습니다. 궁예는 단호한 눈빛으로 은부를 바라봤습니다. 은부는 눈물을 흘렸습니다.

"그대의 실수에 대해서는 나중에 물을 것이니 지금은 산성을 지키는 일에 집중하여라. 두 번 실수는 그냥 넘어가지 않을 것이다."

궁예는 뒤돌아서 방으로 향했습니다. 은부는 궁예의 뒷모습을 향해 고개를 숙였습니다.

마지막 전투

"내가 앞을 맡을 테니 자네는 뒤를 맡게. 왕건의 무리들이 운악산 정상에 오르지 못하게 해야 하네."

종간은 은부를 치료하며 제안했습니다. 은부는 고개를 끄덕였습니다. 아직 상처가 완전히 낫지는 않았지만 누워 있을 수만은 없었습니다. 산성의 위치가 왕건에게 알려진 뒤, 하루에도 몇 번씩 왕건의 병사들이 산성을 공격했습니다.

그러나 산성에서 내려다보면 왕건의 병사들 움직임이 모두 보였기 때문에 궁예의 병사들은 손쉽게 공격할 수 있었습니다. 그래서 매번 궁예 병사들이 싸움에서 이겼습니다.

그렇게 몇 주가 지나자 구름 떼처럼 몰려오던 왕건의 병사들이 보이지 않았습니다. 병사들 사이에서는 이런저런 소문이 떠돌았습니다. 왕건이 병사들을 모두 잃어서 더 이상 공격을 하지 않을 것이라는 소문, 무시무시한 무기를 준비하고 있을 것이라는 무서운 소문도 떠돌았습니다. 그러나 궁예가 싸움에서 연거푸 이기니 다시 궁예가 임금이 될 것이라는 이야기가 우세했습니다.

"그대들은 어찌 왕건이 공격을 하지 않는 것이라 생각하는가?"

궁예의 질문에 종간은 산성을 쭉 둘러보며 생각에 빠졌습니다. 그러나 은부는 한 치의 망설임 없이 자신 있게 말했습니다.

"왕건이 폐하의 힘에 놀라서 나가떨어진 것 아니겠습니까."

은부는 호탕하게 웃었습니다. 궁예도 은부를 따라 웃었습니다. 그러나 종간은 웃지 않았습니다.

"폐하, 혹시 산성을 지나지 않고 정상에 오를 수 있는 길이 있는지요?"

종간의 질문에 궁예의 낯빛이 어두워졌습니다. 궁예는 급히 산성의 서쪽으로 시선을 돌렸습니다. 그리고 떨리는 손으로 서쪽 하늘을 가리켰습니다.

"조, 조종*. 그쪽이라면…… 이곳을 지나지 않고, 정상으로……. 그것을 놓쳤구나."

궁예는 마른침을 삼켰습니다.

"서둘러 조종으로 가는 길을 막을 테니 걱정하지 마십시오."

은부는 종간과 함께 조종으로 갈 채비를 했습니다.

두 사람이 산성 문을 나서는 순간, 하늘에서 돌이 떨어졌습니다.

"돌이 떨어진다!"

누군가의 다급한 목소리와 함께 병사들이 우왕좌왕했습니다. 은부도 어찌할 바를 모른 채 떨어지는 돌을 피하며 어디에서 돌이 떨어지는지 살폈습니다. 여기저기서 병사들이 돌에 깔려 신음했습니다. 비명 소리와 돌 떨어지는 소리가 성 안팎에 울려 퍼졌습니다.

궁예가 큰 소리로 외쳤습니다.

"산성에서 빠져나가라! 산 아래 마을로 피하라!"

병사들은 궁예의 명령대로 성문을 열고 마을로 피했습니다. 궁예도 종간과 은부와 함께 마을로 내려갔습니다.

　마을 입구에 도착해 보니 이미 왕건과 그의 병사들이 진을 치고 있었습니다. 드디어 왕건과 궁예의 전투가 시작되었습니다. 칼 부딪치는 소리가 끊이지 않고, 날아다니는 돌 때문에 앞을 볼 수 없었습니다. 시간이 갈수록 마을 전체가 병사들의 피로 물들어 마치 마을이 불타는 것 같았습니다.

　"그만, 이제 그만하라!"

　궁예가 외쳤습니다. 그러자 모두들 싸움을 멈췄습니다.

　궁예는 들고 있던 칼을 버리고 왕건 앞에 무릎을 꿇었습니다.

　"내가 졌다. 병사들은 아무 죄가 없으니 칼을 거둬라."

　이렇게 궁예와 왕건의 싸움은 왕건의 승리로 끝이 나고, 왕건은 궁예가 건넨 항복 문서를 가지고 돌아갔습니다.

　이후 궁예는 은부와 종간을 철성군으로 보냈습니다. 자신을 대신해 백성들을 살피라는 뜻이었습니다. 그리고 궁예는 서경*으로 향했습니다.

　서늘한 바람을 맞으며 산꼭대기에 올라 아래를 내려다보니 모든 것이 조그맣게 보였습니다. 어렴풋이 철성군으로 향하는 은부와 종간도 보이는 듯했습니다. 궁예는 눈을 감은 채 한숨을 크게 쉬었습니다. 그때, 한 늙은 승려가 궁예의 곁으로 왔습니다.

　"스님, 저에게 남은 하늘의 운을 알고 싶습니다."

　"그대는 한때 하늘의 뜻으로 세상을 가졌지요. 그러나 지금은 그

운이 끝났습니다."

승려는 궁예를 위해 짧은 염불을 외웠습니다. 그러나 궁예의 표정은 어두웠습니다. 승려가 산속 암자로 돌아가자 궁예는 자신의 운이 다했다는 사실에 슬퍼하며 선 채로 세상을 떠났습니다. 후에 백성들이 궁예의 죽음을 안타까워하며 금으로 관을 짜서 이루지 못한 궁예의 꿈, 백성이 주인인 미륵국을 그리워하며 궁예를 묻었습니다.

 알·고·갑·시·다·!

- **철성군** : 지금의 강원도 철원군의 옛 이름.
- **도선(827~898)** : 통일 신라 말기의 승려. 땅의 형세와 인간의 길흉화복을 연결시켜 중요한 장소를 결정하는 풍수지리의 대가이다.
- **고암산과 금학산** : 효성산, 고대산과 함께 태백산맥의 북단을 이룬다. 고암산은 강원도 철원군 북면 용학리에 있는 산으로, 현재는 북한에 속해 있다. 금학산은 강원도 철원군 동송읍에 있는 산으로, 남한의 민간통제선과 인접해 있어 산행할 때는 신분증이 꼭 필요하다.
- **왕건(877~943)** : 후삼국을 통일하여 고려를 세운 제1대 왕.
- **조종** : 경기도 가평의 옛 이름.
- **서경** : 평안남도 평양의 옛 이름.

전쟁과 싸움에 얽힌 또 다른
성城 이야기

　외적의 침입을 막기 위해 쌓은 성에는 전쟁과 싸움에 대한 이야기가 많이 전해 내려와요. 특이하게 운악산성에는 외적이 아닌 후고구려를 세운 궁예와 훗날 고려를 세우고 후삼국을 통일한 왕건의 싸움 이야기가 전해지지요. 지금부터 이야기할 처인성은 토성이에요. 고려와 몽고의 싸움 이야기가 전해지지요. 고려와 몽고는 삼십여 년 동안 싸움을 했어요. 싸움이 길어지니 고려는 엄청난 피해를 입었지요. 게다가 몽고는 고려보다 훨씬 강해서 매번 몽고가 이겼답니다. 그러나 이렇게 강한 몽고를 꺾은 고려 사람이 있었어요. 바로 승려 김윤후랍니다. 군사 기술을 익힌 승려, 김윤후가 이끈 전투 이야기가 살아 있는 처인성을 소개하지요.

　김윤후는 수도를 강화도로 옮기는 날에도 여느 때와 마찬가지로 불경을 외고 있었어요. 그때 마을 향리(마을의 관청에서 나랏일을 보는 벼슬아치 밑에서 일하는 관리.)가 김윤후에게 급히 달려왔어요.
　"큰일 났습니다, 스님. 임금님이…… 우리를 버렸습니다. 수도를 강화도로 옮기신답니다."

김윤후는 염불을 멈추고 급히 마을로 내려갔어요.

임금은 최우(? ~1249, 고려 시대 무신 정권기의 최고 집정자.)와 함께 강화도로 가기 위해 나루로 향했지요. 그때는 몽고가 고려에 조공(종속국이 종주국에 돈이나 특산물을 바치던 일, 또는 그 돈이나 물건.)을 너무 많이 요구해서 나라 살림이 어려웠어요. 그래서 최우는 몽고와 다시 전쟁을 하자고 임금에게 말했어요. 몽고와의 전쟁에서 이긴다면 더 이상 조공을 바치지 않아도 되니까요. 전쟁을 치르기 전에 임금이 다치지 않도록 강화도로 미리 피하는 길이었지요. 임금이 죽으면 싸움에 지는 것이니까요.

"어떻게 한 나라의 임금님이 나라를 구한다고 백성을 버릴 수 있지?"

백성들은 당장 몽고군이 쳐들어올 것이라며 불안에 떨었어요. 딱히 전쟁을 피할 곳이 없는 백성들은 그나마 가장 안전한 장소인 성안으로 모였어요.

김윤후를 비롯해 처인부곡(부곡은 지방 행정 단위로, 조직화된 천민 집단 마을.)에 살던 백성들은 모두 처인성에 모였답니다. 처인성은 언덕 위에 흙으로 성벽을 쌓아 올린 토성이에요. 처인성에 들어온 백성들은 신분이 낮아 공부를 하지 못하고 일만 하며 살던 사람들이었어요. 이들은 어찌할 바를 모른 채 하늘만 보며 두려움에 떨었어요. 그래서 김윤후는 백성을 돌보는 일에 앞장을 서기로 마음먹었답니다.

"지금은 스스로 지켜 낼 힘을 갖추지 못하면 그 누구도 도와줄 수 없습니다. 제가 배운 군사 기술을 가르쳐 드리겠습니다."

김윤후는 어린아이에게 활쏘기를 연습시키고, 나이가 지긋한 어른들에게

　는 무기를 만들게 했어요. 젊은이들은 성 밖에 나가서 돌이나 나무에 몸을 숨긴 채 싸우는 매복조와 성안에서 화살을 쏘고 칼을 다루는 공격조로 무리를 나누었지요. 성에 머무르는 여자들에게는 농사를 맡겼어요. 시간이 지날수록 백성들은 강해지고 성안에는 먹을거리가 쌓여 갔어요.

　한편, 고려의 임금이 강화도로 피신했다는 것을 안 몽고는 장군 살리타를 앞세워 고려를 치기로 했어요. 살리타는 싸움에서 연거푸 이겨서 여러 성을 무너뜨렸어요. 그리고 이번에는 처인성까지 무너뜨리려고 했지요.

　"여기서 물러나면 우리는 물론, 이 나라 고려까지 위험해집니다. 매복조는 나와 함께 처인성 밖으로 나갑니다. 성에 남은 사람들은 공격조와 함께 몽고군이 성안에 들어오지 못하도록 반드시 지켜야 합니다."

　김윤후는 매복조와 함께 처인성 밖으로 나가 몽고군의 움직임을 살폈어

요. 몽고군이 사다리를 타고 성벽을 오르기 시작했지요. 그러나 전날 김윤후가 뿌려 놓은 물이 얼어 쉽게 공격하지 못했어요. 게다가 공격조가 쏘는 화살과 휘두르는 칼에 몽고군은 쩔쩔맸답니다. 그때 매복조는 몽고군의 뒤쪽과 옆쪽에 서서 화살을 쏘았어요. 김윤후도 몽고군을 향해 화살을 쏘았지요. 그리고 김윤후가 쏜 화살에 살리타가 맞았어요.

"공격을 멈추어라!"

대장이 죽었을 때는 싸움을 멈추는 것이 몽고의 법이랍니다. 살리타가 숨을 거두자 몽고군은 물러났어요. 몽고군은 고려의 임금과 급하게 몇 가지 약속을 맺고 몽고로 돌아갔어요.

전쟁이 끝나자 임금은 김윤후를 불러 많은 재물과 벼슬을 주었어요. 김윤후는 재물을 처인성 전투를 함께한 자들과 나누었답니다.

산성 도감

운악산성이 있는 운악산의 신선대와 치마바위

운악산성의 성벽

궁예의 마지막 발자취를
전해 주는 보가산성과 명성산성,
그리고 최후의 싸움터 운악산성.

보가산성은 경기도 포천군 향토 유적 제36호로, 경기도 연천군 신서면과 경기도 포천군 관인면과 강원도 철원군의 경계 지점에 있어요. 보개산에 있다 해서 보개산성이라고도 불리는 보가산성은 신라 말에서 고려 초기 사이에 지어졌다고 해요. 특히 몇 개의 계곡과 산 정상의 봉우리를 연결해서 만든 특이한 산성이랍니다. 전쟁에서 이기기 위해 쌓은 다른 산성과 달리 보가산성은 피난을 위해 지은 산성으로 추정되지요.

명성산성은 강원도 철원군의 철원평야 남쪽에 있는 명성산에 있어요. 지금은 성벽이 무너져서 완전한 모습을 볼 수 없지요.

운악산성은 경기도 가평군 하면과 포천시 화현면 사이에 있는 운악산에 지어진 산성이랍니다. 지금은 터만 남아 있어요. 언제 지어졌는지는 확실하지 않고, 고려 시대에 전쟁이 나자 서둘러 만들어서 쓰다 버려졌다고 추측할 뿐이랍니다.

보가산성의 서북쪽 성벽

보가산성 정상의 망대 흔적

명성산성에 있는 궁예의 흔적, 궁예바위.

명성산성 동쪽 성벽

어서 운악산으로 피하십시오!

명성산성에서 출토된 기와 조각

처인성은 경기도 용인시 남사면 아곡리에 있는 토성이에요. 경기도 기념물 제44호로 지정된 처인성은 고려 시대에 만들어졌어요. 처인성은 충주에서 서울에 이르는 길에 위치해 있어 역사적으로 중요한 기록이 많답니다. 고려 시대(1232년, 고종 19년) 김윤후가 몽고 장군 살리타를 죽이고 고려를 승리로 이끈 곳이지요. 임진왜란 때는 처인성에 머무르는 왜병을 무찌르기 위해 수원의 독산성에 모인 조선 병사들이 처인성을 다시 빼앗았다는 기록도 있어요.

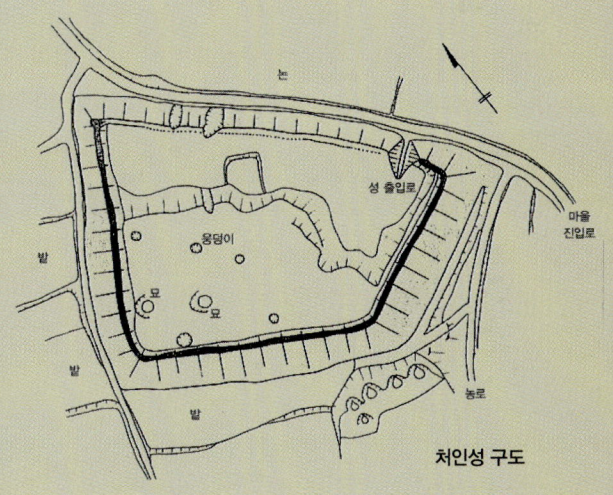

처인성 구도

처인성 전경과 처인성승첩기념비